책세상문고 · 우리시대

# 아마테라스에서 모노노케 히메까지

## 종교로 읽는 일본인의 마음

책세상문고 · 우리시대

# 아마테라스에서
# 모노노케 히메까지
## 종교로 읽는 일본인의 마음

박규태

책세상

아마테라스에서 모노노케 히메까지—종교로 읽는 일본인의 마음 | 차례

산모퉁이를 돌아 논가 외딴 우물을 홀로 찾아가선 가만히 들여
다봅니다

우물 속에는 달이 밝고 구름이 흐르고 하늘이 펼치고 파아란 바
람이 불고 가을이 있습니다

그리고 한 사나이가 있습니다

어쩐지 그 사나이가 미워져 돌아갑니다

돌아가다 생각하니 그 사나이가 가엾어집니다

도로 가 들여다보니 사나이는 그대로 있습니다

다시 그 사나이가 미워져 돌아갑니다

돌아가다 생각하니 그 사나이가 그리워집니다

우물 속에는 달이 밝고 구름이 흐르고 하늘이 펼치고 파아란 바
람이 불고 가을이 있고 추억처럼 사나이가 있습니다

— 윤동주, 〈자화상〉 전문


우물 속에는 우주 전체가 담겨 있다. 그 또한 우주의 일부이
다. 그러나 그는 다른 우주와는 뭔가 다르다. 부끄러운 존재
인 것이다. 그러면서도 그는 불가능한 것을 꿈꾸는 존재다.
하늘을 우러러 한 점 부끄러움이 없기를 꿈꾸는 것이다. 자화
상에 비친 그의 모습은 우리를 한없이 슬프게 만드는데, 어느
새 그는 자신에 대한 모든 부끄러움을 망각해버린 채, 자신의
그림자를 타자에게 투사하는 데 몰두한다. 그는 종종 그런 자

신이 싫어진다. 그래서 그는 잎새에 이는 아주 작은 바람에도 괴로워하는 것이다. 그런 때 그는 어디론가 떠나고 싶어진다. 자신을 초월하고 싶은 것이다. 그러나 자기를 버리거나 초월적인 존재에 자신을 위탁한다 해서 부끄러움이 완전히 사라지는 것은 아니다. 부끄러움은 그가 이 땅에서 살아가는 한 언제나 그 자리에 있다. 문득 그는 부끄러운 자신의 모습을 또 보고 싶어서 그의 초라한 자리로 다시 돌아간다. 그러나 그는 여전히 부끄러운 모습 그대로 저렇게 아름다우면서도 무심한 우주의 한 귀퉁이에 웅크리고 앉아 있음을 보게 된다. 그는 그런 자신을 있는 그대로 사랑하고 싶어진다. 그런 때 그는 죽어 있는 자기를 정시(正視)한다. 죽어가는 모든 것들은 그의 바깥에만 존재하는 것은 아니다. 죽어가는 모든 것은 그의 안에도 살고 있다. 그는 그 모든 것을 사랑하고 싶은 것이다. 별을 노래하는 마음으로.

　그는 누구인가? 독립운동을 했다는 혐의로 1944년 일제에 의해 2년형을 선고받고 후쿠오카 형무소에서 복역하던 중에 생체실험 대상이 되어 해방된 조국을 보지도 못한 채 1945년 2월 16일 28세의 젊은 나이로 세상을 떠나야 했던 시인, 윤동주. 그를 진심으로 사랑하는 일본인들이 많다. 나 또한 일본과 일본인을 그렇게 사랑할 수 있을까? 할 수만 있다면 정말 그러고 싶다. 학인으로서 자신이 공부하는 대상을 사랑한다는 것은 매우 자연스러운 일이고 또한 큰 축복이 아닐 수 없다. 그렇다 하더라도 유독 일본에 대해서만은 그게 쉽지 않다. 처음 일본에 가서 공부할 때 느꼈던 알 수 없는 분노, 나는 지금도 그것을 생생하게 기억한다. 특히 제3장에서 논하고 있는 국학자 모토오리 노리나가의 사상을 처음 접했을 때 나는 며칠 동안 잠을 이루지 못할 만큼 분노했었다. 적지 않은 시간이 흐른 뒤 나는 그 분노가 나 자신에 대한 부끄러움으로 인해 생겨난 것이기도 하다는 사실을 선명하게 깨달았다. 그러면서 나는 분노의 끝에서 만나게 될 어떤 사랑, 모든 죽어가는 것들에 대한 시인의 사랑을 기다리기 시작했다. 이 책은 그런 기다림의 노정에서 씌어진 것이다. 이제 한번 더 물어보자. 그는 누구인가? 그는 우리 모두의 자화상은 아닐까?

일본인의 종교에 관해 우리가 이해하고 있는 바는 거의 제
로 상태다. 종교라는 것이 해당 문화체계의 가장 심층에서 작
동하는 코드라고 할 때, 일본 종교에 대한 무지와, 일본에 대
한 우리의 비생산적이고 이중적인 콤플렉스가 여전히 강력하
게 기능하는 현실은 마치 동전의 양면과 같다고 말할 수 있
다. 한 문화의 종교를 이해한다는 것은 타자와의 만남을 위한
첫번째 배려라 할 수 있다. 이 책에서는 먼저 일본의 신도와
불교뿐만 아니라 기독교와 신종교 등의 사상과 역사 및 그 현
대적 정황을 개괄적으로 살펴봄으로써 일본의 종교 지형을 한
눈에 조감해보려 한다. 나아가 그 조감도 속에서 일본인의 마
음 깊이를 읽어냄으로써 우리 자신의 공감의 능력이 배양되는
계기가 되었으면 한다. 이를 위해 글 사이에 다양한 빛깔의
상상력을 끼워 넣었다. 각 장에 삽입된 몸의 상상력, 신불의
상상력, 숲의 상상력, 강의 상상력, 침묵의 상상력, 허구의 상
상력 등이 그것이다.

왜 상상력이 문제인가? 현재 우리 사회는 무엇보다 창조적
인 상상력의 결핍을 느끼고 있다. 특히 일본에 대해서는 상상
력의 심각한 부재를 경험하고 있다고 보여진다. 평면적이고
양자택일적인 이원론이 지배하는 곳에서는 상상력이 숨쉴 공
간이 없다. 거기서는 우리가 끌어안아야 할 일본과 우리가 마
땅히 경계해야 할 일본이 마구 뒤섞여버린다. 또한 옳고 그름

의 담론이 그저 껍데기뿐인 명분으로 권력을 행사할 뿐, 왜 옳고 그름을 헤아려야 하는가 하는 맨 처음의 문제의식이 실종되어 있다. 이러한 때에는 생각이 다르고 내 편이 아니라는 이유만으로 상대방을 적으로 규정하고 악으로 매도해버리는 일차원적인 발상들이 독버섯처럼 피어난다. 일본 종교에 대한 이해는 이런 상상력의 사막에서 오아시스를 발견하는 작업이 될지도 모른다. 이러한 작업을 하는 나의 시선은 줄곧 일본 종교의 선악 관념을 따라다닐 것이다. 왜냐하면 선악의 관념은 인간 마음의 심연에 자리잡고 있으면서 종교적 이념의 한가운데로 파고드는 근원적인 코드이기 때문이다. 이 책은 일본 종교사의 기본 사실에 입각해 일본 문화의 심층에 깔려 있는 선악의 상상력을 조명하는 내용들로 채워질 것이다.

하지만 원칙적으로 나는 타자의 문화를 어떤 한두 가지의 포괄적 개념어로 규정짓는 것을 좋아하지 않는다. 문화란 숲이나 산과 같아서 멀리서 보면 단조롭게 비쳐지지만 일단 그 안에 들어서면 다양하고 변화무쌍한 풍경을 만날 수 있다. 물론 거시적 문화론은 일종의 지도와 같은 것이므로 결코 그 필요성과 장점을 부정할 수 없다. 그런데 그런 거시적 문화론에 입각한 많은 일본론과 일본인론이 일본에 대한 우리의 상상력을 표피적인 틀에 가둠으로써 타자와의 전혀 새로운 만남을 방해하는 경우가 적지 않다. 우리가 지도를 필요로 하는 가장 큰 이유는 목적지를 정확하게 찾아가기 위한 데 있다. 그리고 실제로 그 목적지를 찾아 들어가보면 지도에서는 느낄 수 없었던 다른 느낌을 받게 된다. 마찬가지로 일본 문화를 말할 때도 정말 중요한 것은 다양성에 대한 인식 및 우리가 가고자 하는 목적지에 대한 인식을 분명히 하는 데 있다. 우리의 목적은 일본 종교를 통해 일본이라는 타자를 이해하는 것이다. 이 점을 기억하면서 일본인의 마음속 깊은 곳으로 여행을 떠나기로 하자.

제 1 장 　　　　　　　　　　　　 **신화로 읽는
일본인의 마음**[1]

일본 신화는 정치적 통합을 위해 조작된
이데올로기 측면을 내포하고 있지만, 다른 한편 우리는
거기서 몸적인 것을 중시하는 일본인의 신화적 상상력을
엿볼 수 있다. 이 장에서는 바로 이런 몸적인 상상력을
중심으로 일본 신화를 들여다보고자 한다.

## 1. '만들어진' 정치신화

일본 최고(最古)의 사서라 전해지는 《고사기(古事記)》[2]는 역사서이면서도 가공의 신화시대를 설정하고 있다. 인간의 역사를 기술하기 이전에 먼저 신대사(神代史)라고 불리는 신의 역사부터 서술하고 있는 것이다. 그런데 이때의 '신대'라는 관념에는 정치적 의미가 내포되어 있다. '신대'란 황조신(皇祖神)의 시대를 의미하며 그것은 인간의 역사[人代] 즉 천황가의 신성함을 주장하기 위해 설정된 것이었다. 이 《고사기》에 기술된 신화는 왕권의 기원을 중심으로 한 신화이며, 그것은 고대 왕권의 확립기뿐만 아니라 현대에 이르기까지도 일본인의 자기 정체성 형성에서 지속적이고 강렬한 영향력을 행사해왔다. 《고사기》에 기술된 일본 신화의 중요한 장면들을 여섯 가지로 나누어 요약해보면 다음과 같다.

태초에 아메노미나카누시(天御中主神) 이하 다섯 천신[別天神]과 구니도코다치(國常立神) 이하 일곱 쌍의 천신[神世七代]이 출현한다. 이들은 천지 창조신들이다. 이 중 남신 이자나기와 여신 이자나미 양신이 결혼하여 국토와 신들을 낳는다(국생[國生]신화). 이때 이자나기는 불의 신을 출산하다가 죽고 만 이자나미를 잊지 못하여 황천을 방문하지만, 그곳에서 이자나미의 분노를 산 탓에 쫓기는 신세가 된다. 간신히 지상으로 탈출하는 데 성공한 이자나기는 물로 부정을 씻어내는 미소기[祓] 의례를 통해 아마테라스(天照大神), 쓰쿠요미(月讀命), 스사노오(須佐之男命)의 삼신[三貴子]을 낳는다(이자나기·이자나미 신화). 이 삼신은 각각 신들이 사는 하늘의 세계 다카마가하라[高天原, 아마테라스]와 밤의 세계[쓰쿠요미] 그리고 바다의 세계[스사노오]를 통치하도록 위임받는다. 그러나 스사노오는 이런 결정에 불만을 품고 아마테라스의 통치 영역에 들어가 난폭한 행동을 일삼았는데, 이에 견디지 못한 태양의 여신 아마테라스는 아메노이와토(天岩戶)라는 굴에 숨어버린다. 그러자 세상이 어두워졌고, 이에 당황한 신들이 의논 끝에 제사와 춤을 통해 여신을 다시 굴에서 나오게 하는 한편, 스사노오를 다카마가하라에서 추방한다(아마테라스·스사노오 신화). 이후의 이야기는 이즈모(出雲)라는 곳을 중심 무대로 전개된다. 지상으로 추방된 스사노오는 머리가 여덟 개인 거대한 뱀 야마타노오로치를 퇴치한 후 산신의 딸과 결혼하고, 그 후손인 오오쿠니누시(大國主神)가 아시하라노나카쓰쿠니(葦原中國), 즉 일본 땅을 통치하는 지배자로 군림하게 된다. 그러나 다카마가하라의 신들은 아마테라스의 직계 자손이 지상을 다스려야 한다고 생각, 여러 번 사자를 파견하여 결국 오오쿠니누시를 설득함으로써 국토 이양의 동의를 받아낸다(오오쿠니누시·국토 이양신화). 이에 새로운 통치자로서 아마테라스의 후손인 니니기(邇邇藝命)가 3종의 신기(구슬, 거울, 칼)를 가지고 5부족과 함께 히무카(日向) 다카치호(高千穗)의 구지후루타케(久士布流多氣) 봉우리로 내려온다(천손강림 신화). 이리하여 무대는 다시 히무카로 바뀌고 니니기는 그곳에서 지상의 여인과 결혼한다. 한편 니니기의 아들 가운데 호데리(火照

命)와 호오리(火遠理命) 형제가 있었는데, 이들은 어느날 서로 도구를 바꾸어 사냥을 하다가 동생 호오리가 형의 낚싯바늘을 잃어버린다. 이에 상심하여 울고 있던 호오리는 해궁으로 가서 해신의 딸과 결혼하여 거기서 잃어버린 낚싯바늘을 되찾아 나오고 해신의 도움으로 형 호데리를 굴복시킨다(호데리·호오리 신화).

이상이 《고사기》 신대권의 주된 줄거리인데, 위 신화의 주제가 압축된 장면은 바로 천손강림(天孫降臨) 신화이다. 말하자면 천손강림 신화를 중심 축으로 하여 다른 다섯 가지 장면이 회전하고 있는 셈인데, 거기에는 당시 일본 사회가 자신의 존재 이유 및 정체성을 어떻게 이해했는가가 명백하게 표현되어 있다. 다시 말해서 《고사기》의 일본 신화는 태양신앙(아마테라스 신앙)을 배경으로 하는 고대 왕권이 국가를 통일하는 과정에다 부여한 신화적 표현인 것이다. 여기서 우리가 무엇보다 주목하지 않으면 안 될 인물은 아마테라스 여신이다. 일본 천황가의 시조신으로 간주되는 아마테라스는 위 이야기에서 다카마가하라라는 천상의 세계에서 니니기를 내려보내 지상적 왕권의 근원으로 삼은 장본인으로 묘사되고 있기 때문이다. 아마테라스에 대한 이러한 이해는 실은 근대 천황제 신화가 형성되면서 결정적으로 굳어졌으며 이후 일본에서 하나의 상식으로 통하게 되었다.[3]

본래 신화적 서술은 논리적 정합성이라든가 윤리적 기준에 따라 우열을 나눌 수 없다. 신화란 기본적으로 상징과 은유, 알레고리의 문법 안에서 형성되고 작동하는 블랙홀 같은 것이기 때문이다. 그래서 신화는 종종 모든 논리와 합리적 이성과 역사를 집어삼켜 무화시키기도 한다. 그런 만큼 신화는 항상 독재자와 제국주의자들에 의해 무서운 이데올로기로 변신하여 거대한 대중 조작에 이용될 수 있는 위험성을 내포하고 있다. 근대 일본의 천황제 신화 또한 그런 전력을 가지고 있다. 그런 전력은 일본 신화가 처음부터 명백히 천황가의 신성한 기원을 천명하고자 한 정치적 신화였다는 태생적 한계에서부터 비롯된 것일지도 모른다. 이처럼 뚜렷한 정치적 목적을 가지고 8세기에 새로 씌어진 일본 신화는 지나칠 정도로 체계적이다. 아래에서 살펴보겠지만, 《고사기》 신화는 이자나기/이자나미, 아마테라스/스사노오, 스사노오/구시나다히메, 오호쿠니누시/스세리비메, 니니기/고노하나노사쿠야히메, 호오리/도요타마히메 등 다양한 대립쌍을 등장시키면서 그것들을 다카마가하라(또는 히무카) 계보와 이즈모 계보의 대립 또는 아마쓰가미(天神) 계열과 구니쓰가미(國神) 계열의 대립으로 압축시키는 한편, 궁극적으로 다카마가하라의 아마쓰가미 계보에 우월성을 부여하고 있다. 거기서는 아마테라스를 중심 축으로 하여 일본 국토의 창생신들에서 초대 진무 천황에 이르기까지의 위계가 조직적으로 자리매김되어 있다.


## 2. 일본인의 신화적 상상력

하지만 일본 신화를 이처럼 작위적인 왕권 신화로 규정하는

데에만 머무른다면 우리는 틈새에 있는 여백을 보지 못하게 될 것이다. 심각한 상실을 예감하면서도 보아서는 안 될 것을 보고 마는, 그래서 끝내 모든 금기를 위반하고 또다시 새로운 금기를 만들어내는 인간의 정신성에 비춰볼 때, 보아야 할 것을 보지 못하거나 보지 않으려는 것은 결코 자랑할 만한 미덕이 못 된다. 우리는 일본에 대해 보아야 할 것을 보지 못하는 우를 범하고 있는 건 아닐까? 그런 오류는 어쩌면 일본을 바라보는 상상력의 빈곤을 뜻하는 것일지도 모른다. 어떻게 하면 이런 상상력의 빈곤에서 벗어날 수 있을까? 예컨대 일본인의 독특하고 풍부한 신화적 상상력을 따라가보면 어떨까? 그것은 우리 자신의 상상력을 개화시키는 일이기도 할 것이다. 이때 일본 신화가 신화 일반에서 엿볼 수 있는 보편적인 테마들을 적지 않게 내포하고 있다는 점에 주목해보자. 가령 숨은 신, 근친상간, 세계축, 저승세계로의 하강, 금기와 위반, 단성생식, 신의 살해와 곡물의 기원, 카오스의 살해, 입문적 시련, 죽음의 기원, 재생과 부활의 모티프 등이 그 예가 될 것이다. 다음에는 이와 같은 보편적 테마들을 염두에 두면서 《고사기》 신화를 (1) 국토 기원신화, (2) 아마테라스 탄생신화, (3) 신들의 전쟁, (4) 이즈모 계열의 왕권 기원신화, (5) 히무카 계열의 왕권 기원신화 등 다섯 가지로 나누어 재구성해보기로 하겠다.

### (1) 유혹자의 몸 맞추기—국토 기원신화

언제부터인가 하늘과 땅이 있었다. 하지만 모든 것은 혼돈 상태 그대로였다. 그때 다카마가하라라 불리는 천상계에 돌연 아메노미나카누시(天御中主神)라는 지고신이 나타났다. 그냥 나타난 것이다. 이후 하늘과 땅 사이에는 만물 생성의 왕성한 기운이 감돌기 시작했으며, 그 생성력을 표상하는 다카미무스비(高御産巣日神)와 가미무스비(神産巣日神)가 나타났는데, 이 삼신은 곧 하늘로 사라져버린다. 그때 땅은 아직 굳어지지 않은 채 물과 뒤섞여 있었고, 그 사이로 어린 갈대들이 힘차게 돋아나고 있었다. 이 갈대들을 신격화한 우마시아시카비코지(宇摩志阿斯訶備比古遲神)가 나타났고 이어서 대지의 기초가 마련되었음을 상징하는 아메노도코다치(天之常立神)가 등장하지만 이 두 신도 곧 하늘 높이 사라져버린다. 이상의 다섯 천신을 특별한 천신 즉 고토아마쓰가미(別天神)라 한다.

여기서 잠시 '사라지는' 또는 '숨은' 천신의 의미에 대해 생각해보자. 인류의 종교사는 통상 하늘과 밀접한 연관성을 가진 지고신이 종교의 변방으로 밀려나 마침내 망각되는 다양한 사례들을 보여준다. 종교학자 엘리아데Mircea Eliade는 이렇게 망각되는 신을 데우스 오티오수스Deus Otiosus 즉 침묵하는, 게으른, 한가한 신이라고 불렀다. 그런데 이상하게도 이처럼 하늘 높이 후퇴한 신들을 제사지내는 경우는 거의 없다. 좀더 전문적이고 기능적인 신들이 그 사라진 신들을 대신하기 때문이다.[4] 이런 특징은 일본 신화에도 그대로 해당된다. 실제로 아메노미나카누시를 제신으로 모시는 신사는 한 곳도 없으며, 일본 신화에는 사라진 신들을 대신하는 여러 기능신들이 많이 등장한다.

예컨대 고토아마쓰가미 신격들이 하늘로 사라진 뒤, 이른바 가미요나나요(神世七代)라 불리는 더 기능적인 열두 명의 신격들이 등장한다. 이 중 일본 국가의 토대를 표상하는 구니도코다치(國常立神)와 풍요의 기대가 담겨 있는 토요구모노(豊雲野神)는 단독 신이며 나머지는 다섯 쌍의 배우자 신들이다. 즉 진흙의 응결 기능을 신격화한 우히지니(宇比地邇神)와 그의 누이인 스히지니(須比智邇神), 싹트는 나무의 기능을 표상하는 쓰노쿠이(角杙神)와 그의 누이인 이쿠쿠이(活杙神), 남녀 생식기의 생식 기능을 상징하는 오호토노지(意富斗能地神)와 그의 누이인 오호토노베(大斗乃辨神), 만물의 형상화 기능을 신격화한 오모다루(於母陀琉神)와 그의 누이인 아야카시코네(阿夜訶志古泥神) 그리고 음양의 밀고 당기는 기능을 신격화한 이자나기(伊耶那岐神)와 그의 누이인 이자나미(伊耶那美神) 등이 그것이다.

이 배우자 신들은 모두가 남매간으로 설정되어 있는데, 거기서 연상되는 근친상간의 테마는 그리스 신화의 가이아/우라노스(모자), 크로노스/레아(남매), 제우스/헬라(남매), 제우스/데메테르(남매), 제우스/페르세포네(부녀), 오이디푸스/이오카스테(모자) 신화 등을 비롯하여 세계 각지에서 널리 발견된다. 이 대목에서 왜 하필이면 근친상간이냐 하는 의문이 드는 것은 너무 당연하다. 어쩌면 이는 근친상간이라는 메타포가 모든 차이성을 무화시키며, 그럼으로써 원초적인 카오스로 복귀하는 것과 새로운 창조를 가능하게 하는 원질이기 때문일 것이다. 요컨대 신화에서 근친상간 모티프가 자주 등장하는 것은 그것이 새로운 창조의 계기와 밀접한 관련성이 있기 때문이다. 어쨌거나 앞의 가미요나나요 중에서 마지막으로 출현한 남매신 이자나기와 이자나미도 근친상간으로 일본 국토와 신들을 낳는데, 그 장면은 무척 인상적이다.

이자나기와 이자나미는 표류하는 일본 국토를 단단하게 만들라는 명을 받는다. 이에 두 신은 천신들이 하사해준 아메노누보코(天之沼矛)라는 보석창을 가지고 아메노우키하시(天浮橋)라 불리는 천상의 다리 위에 서서 밑의 바닷물을 휘젓기 시작한다. 이때 그 거대한 창 끝에서 소금물이 떨어져 굳어 작은 섬이 되었는데, 이 섬이 곧 '저절로 응고된 섬'이라는 뜻의 오노고로시마(淤能碁呂嶋)이다. 이윽고 두 신은 이 섬에 내려와 아메노미하시라(天之御柱)라는 큰 기둥을 세우는데, 이 기둥은 엘리아데가 말한 우주목cosmic tree 또는 세계축 axis mundi에 해당되는 하나의 중심 상징center symbolism 이라 할 수 있다.[5] 세계의 다양한 문화권의 신화를 보면 이런 세계축을 중심으로 우주와 인간이 창조되었다고 묘사하고 있음을 발견할 수 있다. 그런데 일본 신화의 경우는 우주나 인간이 아니라 일본 국토 창조에 세계축의 초점이 맞추어져 있다는 점에서 매우 특이하다.

뿐만 아니라 남녀 생식기의 신체적 차이에 관심을 보이는 다음 장면도 특이하기 이를 데 없다. 이자나기는 이자나미의 몸이 어떻게 생겼는지를 묻는다. 그때 이자나미는 "나의 몸은 잘 자라고 있는데, 한 곳이 전혀 자라지 않아요"라고 대답한다. 그러자 이자나기는 "나의 몸도 잘 자라고 있는데 한 곳이

지나칠 정도로 자라고 있소. 그러니 내 몸에서 지나치게 자라는 부분을 당신 몸에서 전혀 자라지 않는 부분에 집어넣어 국토를 낳으면 어떻겠소?"라고 말했다. 남녀 생식기를 묘사하고 있는 이 문답에서 이자나미가 이자나기의 제안에 동의하자, 둘은 세계축 곧 아메노미하시라를 돌면서 구애의 몸짓을 한다. 서로 기둥의 반대쪽에서부터 출발했다가 마주쳤을 때 이자나미가 먼저 "아, 아름다운 남자여!"라고 말하자 이자나기도 "아, 아름다운 여자여!"라고 말한다. 이렇게 눈이 맞은 두 유혹자(이들의 이름에 쓰인 '이자'는 '유혹'을 뜻한다)가 결합하는 것은 시간 문제였을 것이다.

이리하여 두 신 사이에 첫번째 아이가 태어난다. 하지만 그 아이는 히루코(水蛭子) 즉 거머리였다. 둘은 히루코를 갈대로 만든 배에 태워 바다로 떠내려보낸다. 그 다음 그들은 아와시마(淡島)라는 섬을 낳았다. 하지만 이 또한 실패작이었기 때문에 자식으로 여기지 않았다. 이렇게 되자 두 신은 무엇이 문제인지 천신들에게 조언을 구한다. 천신들이 점을 친 결과, 이자나미가 먼저 구애를 했기 때문이라는 점괘가 나온다. 이 말에 이자나기와 이자나미는 다시 한번 탑돌이를 재현하고 이번엔 이자나기가 먼저 프로포즈를 한다. 이렇게 하여 이른바 정상적인 출산이 이루어져 그들은 여덟 개의 섬을 낳게 된다. 이것이 일본 국토의 기원이며, 그 최초의 국명은 오호야마노쿠니(大八嶋國)라 불리었다.

위의 장면은 세계의 그 어느 신화에서 찾아보기 힘든 독특한 상상력을 보여준다. 그것은 특히 일본 열도와 인간의 몸

사이에 전제된 달짝지근한 유비관계를 통해 잘 드러난다. 이후에도 두 신은 여섯 개의 섬을 비롯하여 가옥의 신, 강의 신, 바다의 신, 바람의 신, 나무의 신, 산의 신, 배의 신, 곡물의 신, 불의 신 등을 낳는다. 그런데 더욱 놀라운 것은 그 다음이다. 이자나미는 불의 신 히노가구츠치(火之迦具土神)를 출산하다가 생식기가 타버리는 바람에 끙끙 앓다가 죽는다. 이자나미는 죽기 전에 구토를 하고 똥오줌을 쌀 정도로 지독하게 고생한 모양이다. 그러면서도 여신은 계속 신들을 생산해냈다. 그리하여 금속을 표상하는 가나야마비코(金山毗古)와 가나야마비메(金山毗賣)가 구토로부터, 점토를 상징하는 하니야스비코(波邇夜須毗古)와 하니야스비메(波邇須毗賣)가 똥으로부터, 그리고 관개용수를 담당하는 미츠하노메(彌都波能賣)와 생산을 관장하는 와쿠무스비(和久産巢日)가 오줌에서 생겨났고, 또한 음식을 관장하는 도요우케비메(豊宇氣毗賣)가 태어남으로써 도합 35명의 신들과 14개의 섬들이 이자나기와 이자나미에서 생겨나게 되었다. 여기까지가 '유혹자의 몸 맞추기'에서 시작된 국토 기원신화의 전모다. 그러나 엄밀한 의미에서 아직 일본이 탄생한 것은 아니다. 일본의 탄생은 아마테라스의 탄생과 그 자손들에 의한 왕권 확립을 통해 비로소 말할 수 있을 것이기 때문이다.

(2) 금기와 위반의 눈 — 아마테라스 탄생신화

이자나기는 불의 신을 출산하다가 죽고 만 이자나미를 잊지 못해 저승세계 곧 요모쓰쿠니(黃泉國)를 방문한다. 사실 저승세계의 방문 또는 지하로의 하강이라는 모티프는 세계의 다른 신화에서도 종종 만날 수 있다. 가령 그리스 신화에 나오는 오르페우스도 죽은 아내를 찾아 하데스가 지배하는 저승세계로 내려간다. 이 두 신화는 금기와 위반이라는 모티프에서 흥미로운 공통점을 보여준다. 이자나미는 자기를 찾아 저승세계까지 내려온 이자나기에게 자신의 모습을 보아서는 안 된다고 말한다. 그러나 이자나기는 그 금기를 위반하고 만다. 그는 이미 저승세계의 음식을 먹어 구더기와 뇌신(雷神)들로 우글거리는 이자나미의 몸을 보았다. 보아서는 안 될 것, 못 볼 것을 본 것이다. 오르페우스의 경우도 뒤를 돌아봐서는 안 된다는 금기를 위반함으로써 결국 아내를 저승세계에서 데리고 나오는 데 실패했듯이, 이자나기 또한 금기를 위반함으로써 아내를 데리고 나오는 데 실패하고 만다.

뿐만 아니라 이자나기는 여자의 가장 은밀한 자존심을 건드려 이자나미의 분노를 산 탓에 죽음의 공포를 맛보며 쫓기는 신세가 된다. 이자나미는 황천국의 추악한 마녀 요모츠시코메(豫母都志許賣)와 무시무시한 악마군단 및 천둥신들과 함께 이자나기를 추격하여 잡아 죽이려 한다. 애증의 뒤집어짐이라고나 할까. 지극한 사랑이 때로는 무서운 증오로 바뀔 수도 있는가 보다. 간신히 지상으로 탈출하는 데 성공한 이자나기는 지상과 저승세계의 경계선에서 큰 바위를 사이에 두고 이자나미와 작별인사를 나눈다. 그런데 이 작별인사가 좀 별스럽다. 이자나미는 외친다. "사랑하는 오빠, 어떻게 내게 이럴 수 있어요? 반드시 복수할 거예요. 나는 매일 오빠 나라의 사람들을 천 명씩 죽여버리겠어요." 그러자 이자나기가 대답한다. "사랑하는 누이여, 네가 그런 식으로 나온다면 나는 매일 천오백 명의 새로운 생명들이 태어나게 할 것이다." 이는 죽음이 어떻게 생겨났는지를 설명하는 죽음 기원신화의 한 유형이라 할 수 있다. 제2장에서도 다루겠지만, 이 대목에서 우리는 죽음보다도 더 끈질긴 생명력에 대한 신도적 표현을 엿보게 된다.

그런 후 이자나기는 황천국에서 자신의 몸이 더럽혀졌다고 생각하여 곧바로 쓰쿠시(竺紫) 히무카(日向)의 다치바나노오도(橘小門) 강가로 달려가 몸에 덕지덕지 붙어 있는 부정을 물로 씻어낸다. 이것이 바로 오늘날까지도 신도 정화의례의 기본을 이루는 이른바 미소기하라에(祓禊) 의식의 기원이다. 여기서 우리가 특별히 주목해야 할 것은 이 미소기하라에 의식을 통해 일본 신도 판테온의 최정점이자 황실의 조상신으로 일컬어지는 아마테라스(天照大神)가 탄생한다는 이야기다. 이에 앞서 이자나기가 벗어 던진 옷조각들에서 재앙과 악을 바로잡는 선신 나호비(直毘)를 비롯한 많은 신들이 생겨났다. 이어 이자나기가 몸을 씻자 거기서도 많은 신들이 태어났는데, 그 중 미하시라노우즈노미코(三貴子)라 불리는 삼신의 탄생담은 특히 중요하다. 이자나기가 왼쪽 눈을 닦자 태양신 아마테라스가, 오른쪽 눈을 닦자 달의 신 쓰쿠요미(月讀命)가 그리고 코를 씻었을 때 스사노오(須佐之男命)가 태어난다. 이 이야기는 아마도 반고(盤古)신의 시체에서 우주 만물이 생겨났다는 중국의 우주 기원신화의 영향을 받은 듯싶다. 반고신화에는 왼쪽 눈이 태양이 되고 오른쪽 눈이 달이 되었다는 이야기가 나온다. 그러나 아마테라스의 탄생은 죽은 신의 시체에서 비롯된 것이 아니라는 점과 아마테라스는 태양신이자 동시에 황조신으로 자리매김되어 있다는 점에서 반고신화와는 뚜렷이 구별된다. 어쨌거나 이자나기가 몸을 씻었을 때, 특히 눈을 씻었을 때 거기에서 일본 신화에서 가장 중요한 황조신 아마테라스가 태어났다는 묘사에는 그냥 지나쳐서는 안 될 중요한 의미가 내포되어 있다. 우리는 여기서도 몸에 대한 독특한 관심과 가치 부여를 읽을 수 있다. 이뿐만이 아니다. 이자나기는 앞에서 눈으로 금기를 위반했다. 그리고 이자나기는 금기를 위반한 그 부정한 눈을 씻어냄으로써 아마테라스를 낳았다. 결국 아마테라스의 탄생은 금기와 위반의 절묘한 상관관계를 내포하고 있는 셈이다.

또 한 가지, 아마테라스의 탄생이 이자나기라는 남성신의 단성생식에 의해 이루어졌다는 점도 부연할 만하다. 남성신에 의한 단성생식 모티프는 세계의 다른 신화에서도 그렇게 낯선 이야기가 아니다. 그렇다면 아마테라스가 여신이냐 남신이냐 하는 문제도 짚고 넘어가볼 만하다. 통상 아마테라스는 태양의 여신으로 알려져 있다. 그러나 최근 연구에 의하면, 여신으로서의 아마테라스 이미지는 메이지시대 이후 천황제 국가가 형성됨에 따라 정착된 것이며 그 전에는 대중들 사이에서 오히려 남신으로 여겨지는 경우가 더 많았다고 한다.[6] 더 나아가 원래 천황가의 조상신은 아마테라스가 아니라 다카미무스비였다는 주장도 있다. 뿐만 아니라 아마테라스는 원래 히루메(日女)라 불렸으며, 이세(伊勢)의 태양신을 섬기는 여제관(女齋宮)이자 태양신의 아내로 간주되던 무녀였는데, 7세기 말경 덴무(天武) 천황의 아내이자 히루메이기도 했던 지토(持統) 천황이 즉위한 이래 아마테라스가 태양의 여신으로 간주되기 시작했다는 설도 있다. 말하자면 원래는 태양신을 모시던 여제관이 태양신으로 모셔지게 되면서 태양의 여신 아마테라스라는 이미지가 생겨나게 되었다는 것이다.

(3) 빛과 어둠의 희극—신들의 전쟁

이자나기는 아마테라스에게 다카마가하라(高天原)라 불리는 천상계를, 쓰쿠요미에게 밤의 세계를, 그리고 스사노오에게는 바다의 세계를 다스리도록 각각 위임했다. 그러나 스사노오는 이런 결정에 불만을 품고 아마테라스의 통치 영역에 들어가 난폭한 행동을 일삼는다. 이를 견디지 못한 태양의 여신 아마테라스가 천상계 입구에 있는 아마노이와토라는 동굴에 숨어버린다. 이 동굴은 여성의 생식기를 상징한다고 해석되기도 하는데, 여기서 그보다 더 중요한 것은 '숨은 신'의 모티프라 할 수 있다. 앞의 국토 기원신화에서 언급된 아메노미나카누시를 비롯한 천신들은 하늘로 사라진 뒤 더 이상 적극적인 역할을 하지 않지만, 아마테라스의 '사라짐'은 일시적인 것으로 묘사되고 있다. 하지만 아마테라스의 사라짐은 곧 빛의 퇴거를 의미한다. 세상에 짙은 어둠이 깔리고, 이에 당황한 신들이 의논 끝에 제사와 춤을 통해 여신을 다시 굴에서 나오게 한다.

그 장면을 한번 상상해보자. 세상은 온통 칠흑 같은 어둠으로 뒤덮여 있다. 이윽고 도코요(常世, 바다 건너편에 있다고 상상된 유토피아)의 장닭들이 한꺼번에 울어대자, 아마테라스가 숨어 있는 거대한 굴 앞에 야오요로즈노가미(八百万神)라 불리는 신도의 무수한 신들이 각기 화려한 치장을 하고 모여든다. 그들은 동굴 앞에 거대한 화톳불을 피우고 큰 소리로 노래하며 춤추고 떠들어댄다. 이어서 신들이 동굴 앞에 성스런 비추기 나무를 세우고 수백 개의 구슬로 장식한 다음 가운데 가지에 야타노가가미(八尺鏡)라는 대형거울을 걸자, 여신 아메노우즈메(天宇受賣命)가 등장하여 유방과 성기를 드러낸 채 한바탕 푸닥거리를 한다. 그 우스꽝스러운 모습을 본 신들이 한꺼번에 웃어대자, 이를 이상하게 여긴 아마테라스가 동굴 문을 약간 열고는 바깥 동정을 살핀다. 이때 아메노우즈메가 "당신보다 더 훌륭하고 존귀한 신이 있기 때문에 우리가 즐거워서 웃고 있지요"라고 말하자, 다른 신들은 이 말이 정말인지 아닌지 확인해보라는 듯 아마테라스 앞에 거울을 내민다. 그들의 거짓 각본을 알지 못하는 아마테라스가 거울에 비친 제 모습을 더 자세히 들여다보기 위해 몸을 앞으로 내밀었을 때, 동굴 옆에 숨어 있던 괴력의 신 아메노타지카라오(天手力男神)가 아마테라스를 밖으로 끌어낸다. 그런 다음 신들은 아마테라스가 다시 동굴에 숨지 못하도록 동굴 문 앞에 구슬을 둘러 금기 지역으로 만든다. 그러자 천상과 지상이 다시 밝아진다. 신들은 스사노오를 다카마가하라에서 영원히 추방시킨다. 이리하여 아마테라스와 스사노오의 싸움은 싱겁게 막을 내린다. 신들의 전쟁, 그것은 세계 여러 신화에 등장하는 단골

메뉴 중 하나다. 그리고 대부분 신들의 전쟁에 따라다니는 것은 빛과 어둠의 희극적인 재편성이다. 일본 신화는 아마테라스에게 빛을 할당하기 위해 스사노오를 희생양으로 삼는다.

(4) 카오스의 살해—이즈모의 왕권 기원신화

이제 이야기의 중심 무대는 다카마가하라에서 이즈모(出雲)로 바뀐다. 지상으로 추방된 희생양 스사노오는 어느 날 음식물을 관장하는 여신 오호케츠히메(大氣都比賣)에게 먹을 것을 청했다. 그때 여신은 코와 입과 엉덩이에서 여러 가지 음식을 꺼내어 스사노오에게 바쳤다. 그러나 이 장면을 엿본 스사노오는 여신이 음식물을 더럽혔다고 생각하여 여신을 살해한다. 그런데 이렇게 살해당한 여신의 몸에서 각종 곡물들이 생겨났다. 가령 머리에서는 누에, 눈에서는 볍씨, 귀에서는 조, 코에서는 팥, 성기에서는 보리, 엉덩이에서는 콩이 생겨났다는 식이다. 이처럼 살해당한 신의 몸에서 곡물이 생겨났다는 신화는 인도네시아의 하이누엘레형 신화[7]를 비롯하여 세계의 여러 문화권에 널리 분포하지만, 그에 앞선 장면, 즉 여신의 코와 입과 엉덩이에서 직접 음식을 꺼냈다는 이야기는 일본 신화에서 독특하게 보이는 발상이다.

한편 스사노오는 히(肥) 강의 상류 지역에 사는 지신 아시나즈치(足名椎)의 딸 구시나다히메(櫛名田比賣)와 결혼하게 되는데, 그 사연이 매우 극적이다. 아시나즈치에게는 여덟 명의 딸이 있었는데, 여덟 개의 머리를 가진 거대한 뱀 야마타노오로치(八岐大蛇)가 매년 찾아와 한 명씩 잡아먹고 이제 마지막으로 구시나다히메의 차례가 되었다. 이런 사연을 알게 된 스사노오는 구시나다히메를 아내로 삼는다는 조건하에 야마타노오로치를 처치해주겠다고 제안한다. 결국 스사노오는 구시나다히메를 빗으로 변신시켜 머리에 꽂은 다음 뱀을 술에 취하게 한 후 도츠카노쓰루기(十拳劍)라 불리는 보검으로 뱀을 조각조각 동강냈다. 그때 스사노오는 뱀의 몸통에서 구사나기(草那藝)라는 검을 꺼내어 아마테라스에게 헌상했는데, 이 칼은 일본 신도사에서 3종의 신기 중 하나로 꼽힌다. 이리하여 스사노오는 지상의 여인인 구시나다히메와 결혼하여 많은 자손을 둔다. 그러나 얼마 안 있어 이즈모를 떠나 네노쿠니(根國)로 가버리고, 그의 후손인 오호쿠니누시(大國主)가 아시하라노나카츠쿠니(葦原中國), 즉 일본 땅을 통치하는 지배자로 군림하게 된다. 이 오호쿠니누시가 지상의 통치자로 등장하게 되는 과정 또한 매우 흥미롭다.

오호쿠니누시에게는 형들이 많았는데, 어느 날 형들이 이나바(稻羽)의 야카미히메(八上比賣)에게 청혼하기 위해 떠나면서 막내인 오호쿠니누시에게는 짐보따리를 지고 가게 했다. 도중에 오호쿠니누시는 곤경에 처한 흰토끼를 도와주었고, 그 보은으로 흰토끼는 오호쿠니누시가 야카미히메와 혼인하게 될 것이라고 예언했다. 실제로 야카미하메는 형들의 청혼을 물리치고 오호쿠니누시에게 시집가겠다고 고집 부렸다. 이에 화가 난 형들이 오호쿠니누시를 죽이고 만다. 하지만 오호쿠니누시는 어머니 미오야(御祖命)와 가미무스비의 도움으로 되살아난다. 이어서 형들이 다시 오호쿠니누시를 죽이지만 그는 또 살아난다. 계속되는 형들의 집요한 추적을 견디다 못한 오호쿠니누시는 마침내 스사노오가 통치하는 네노쿠니로 도피한다. 거기서 오호쿠니누시는 스사노오의 딸 스세리비메(須勢理毗賣)와 몰래 정을 통한다. 이를 눈치챈 스사노오는 오호쿠니누시를 죽이려 들지만, 오호쿠니누시는 매번 스세리비메의 도움으로 죽을 고비를 넘기고 급기야 스사노오에게서 주술적인 칼과 활과 거문고를 훔쳐내어 스세리비메와 함께 네노쿠니를 도망쳐 나온다. 이에 스사노오는 하는 수 없이 둘의 결혼을 인정하고 나아가 오호쿠니누시에게 지상의 통치권을 부여한다. 이것이 바로 오호쿠니누시를 중심으로 한 이즈모 계열 왕권 기원신화의 전말이다.

여기서 스사노오가 야마타노오로치를 살해한 것과 오호쿠니누시가 겪는 시련은 세계 여러 신화에 자주 등장하는 입문적 시련의 범주에 들어간다. 입문적 시련이란 새로운 존재로 거듭나기 위해 치러야만 하는 고통을 뜻한다. 예를 들면 전통사회에서 일반적으로 행해진 성년식이 이런 입문식에 속한다. 성년을 앞둔 소년은 어머니한테서 분리되어 깊은 숲속의 오두막에 감금되거나, 할례를 받는다. 또는 온몸을 난자당하거나 앞니가 뽑히기도 한다. 이때 소년이 받는 육체적, 정신적 고통은 일종의 제의적 죽음을 의미한다. 그런 모든 고통을 통과해야 성인이 되며 공동체의 정식 일원으로 인정받을 수 있는 것이다. 그 입문적 시련에는 새로운 질서(코스모스)를 만들어내는 데 필연적으로 수반되는 혼돈(카오스)을 극복하는 모티프가 함축되어 있다.[8] 특히 야마타노오로치라는 뱀을 살해한 것은 매우 명확한 형태로 카오스의 살해를 표상한다. 뱀은 신화 속에서 통상 물, 어둠, 알 등과 더불어 카오스의 상징으로 자주 등장하는 이미지이기 때문이다. 요컨대 왕권의 기원이라는 새로운 질서 형성을 위해 카오스의 살해는 필연적인 것이다.

### (5) 꽃이냐 바위냐—히무카의 왕권 기원신화

그런데 다카마가하라의 신들은 스사노오의 후손인 오호쿠니누시가 아닌, 아마테라스의 직계 자손이 지상을 다스려야 한다고 생각했다. 그리하여 여러 번 지상에 사자를 파견하여 결국 오호쿠니누시를 설득함으로써 국토 이양의 동의를 받아낸다. 이것이 유명한 국토이양 신화다. 이때 아마테라스는 손자인 니니기에게 거울을 주면서 "이 거울을 나의 혼으로 여기고 나를 섬기듯이 모셔라"라고 말하고 그에게 지상을 통치할 것을 명한다. 그리하여 니니기는 3종의 신기를 가지고 5부족과 함께 쓰쿠시 히무카에 있는 다카치호의 구지후루타케 봉우리로 내려온다. 이른바 천손이 강림한 것이다.

이리하여 무대는 다시 히무카로 바뀌고 니니기는 그곳에서 지상의 여인과 결혼한다. 그때 니니기는 꽃처럼 아름다운 소녀 고노하나노사쿠야히메(木花之佐久夜毗賣)에게 홀딱 반해, 소녀의 아버지인 산신 오호야마쓰미(大山津見)에게 딸을 아내로 맞이하고 싶다고 말한다. 오호야마쓰미는 이 말에 크게 기뻐하면서 많은 선물과 함께 언니인 이와나가히메(石長比賣)까지 덤으로 붙여 고노하나노사쿠야히메를 니니기의 방에 들여

보낸다. 그러나 니니기는 바위같이 못생긴 이와나가히메가 너무 싫어 손도 대지 않은 채 돌려보내고 동생만을 취해 하룻밤 정을 통한다. 그러자 오호야마쓰미가 노하여 "이와나가히메를 아내로 삼아 당신의 생명이 바위처럼 견고하게 되고, 고노하나노사쿠야히메를 아내로 삼아 당신의 생명이 꽃처럼 피어나기를 기원하여 자매를 함께 시집 보낸 것인데, 이제 당신이 이와나가히메를 물리치고 고노하나노사쿠야히메만을 아내로 취했으니, 당신의 수명은 꽃처럼 허망한 것이 되고 말 것이요"라고 외친다. 이리하여 니니기와 그 자손들(천황가)의 수명은 단축되고 말았다. 이 신화는 인간의 수명이 짧아진 사정, 즉 죽음의 기원을 설명하는 신화의 한 유형이라 할 수 있다.

한편 고노하나노사쿠야히메가 출산을 하게 되었을 때, 이를 안 니니기는 "딱 하룻밤 같이 잤을 뿐인데 어떻게 아이가 생길 수 있겠는가? 그 아이는 나의 자식이 아니라 필경 구니쓰가미(國神)의 씨앗일 것이다"라고 말하며 아내를 의심했다. 그러자 이를 억울하게 여긴 고노하나노사쿠야히메는 산실을 짓고 그 안에 들어가 출구란 출구는 모두 흙으로 막고 바깥에서 불을 활활 붙이도록 했다. 그녀는 태중의 아이가 만약 구니쓰가미의 자식이라면 이런 뜨거운 불 속에서 무사하지 못할 것이며 아마쓰가미(天神)의 자식이라면 무사할 것이라고 말했다. 그 결과 그녀의 결백은 입증되었다. 《고사기》상권 마지막에 나오는 호데리(火照命), 호오리(火遠理命) 형제는 바로 이 불 속에서 태어난 인물이다.

형인 호데리는 바다의 고기를 잡았고 동생 호오리는 산에서 사냥을 하며 살았다. 그러던 어느 날 동생이 형에게 서로 도구를 교환해서 잡아보자고 제안했다. 마지못해 이를 승낙한 형은 동생이 자기 낚싯바늘을 잃어버리자 화가 나서 어떻게 해서든 그 바늘을 찾아오라고 했다. 동생은 고민 끝에 바닷길의 신 시오쓰치(鹽椎)의 도움을 받아 해궁으로 간다. 거기서 호오리는 해신의 딸 도요타마히메(豊玉毗賣)와 결혼하여 3년 동안 행복하게 지낸다. 그 후 호오리의 사정을 알게 된 해신은 그가 잃어버린 낚싯바늘을 붉은 도미의 목에서 찾아주며, 주술적인 구슬 두 개와 함께 형을 저주하는 주문을 가르쳐주면서 그를 지상으로 돌려보낸다. 이리하여 지상에 귀환한 호오리는 해신이 준 구슬과 주문으로 형을 물리치고 지상의 통치권을 확보한다.

그러던 어느 날 해산일이 다 된 도요타마히메가 호오리를 찾아와 말한다. "제 본래의 모습으로 아이를 낳고자 하오니 부디 제 모습을 보지 말아주십시오." 이는 이자나미의 "내 모습을 보아서는 안 된다"는 금기와 흡사하다. 그러나 호오리 또한 이자나기가 그랬던 것처럼 이 금기를 위반하고 도요타마히메의 해산 장면을 훔쳐보게 된다. 도요타마히메는 큰 상어로 변하여 엉금엉금 기며 몸을 틀고 있었다. 호오리의 훔쳐보기는 도요타마히메에게 치유하기 힘든 수치감을 안겨주었다. 그 결과 도요타마히메는 해궁으로 되돌아가고 이후 바다로 통하는 길도 막혀버리게 된다. 이때 태어난 것이 우카야후키아에즈(鸕葺草葺不合命)로 그가 바로 일본 최초의 신화적 천황으로 불리는 진무(神武) 천황의 아버지다.

## 3. 몸의 상상력인가 형이상학의 부재인가

신화적 상상력은 모든 '있음'의 기원을 묻는다. 그래서 사람들은 우리가 먹고 자고 입는 것, 그 모든 일상의 자질구레한 영역들이 어떻게 시작되었으며, 왜 남자와 여자가 생겨났으며, 인간은 왜 섹스를 하게 되었는지, 불을 사용하고 씨 뿌리고 수확하는 일, 각종 도구 사용법은 어떻게 배웠는지, 나아가 사회제도와 국가의 탄생 및 해와 달, 별을 위시한 우주의 기원에 대해 묻는 일 등을 결코 포기한 적이 없다. 그런데 이런 신화적 상상력은 때로 형이상학의 빛깔을 농밀하게 드러내기도 한다. 가령 신화학자 조지프 캠벨Joseph Campbell이 유명한 '신의 가면' 시리즈의 두 번째 권인 《동양신화》의 서두에 인용한 인도의 한 우주 기원신화를 떠올려보자. 태초에 인간의 모습을 한 아트만Self만이 있었는데, 그가 주위를 둘러보고 자기 자신 외에는 아무것도 보이지 않자, '나'라고 말하고는 지독한 두려움을 느꼈다. 점차 두려움은 사라졌지만 아트만은 조금도 즐겁지 않았다. 그리하여 아트만은 둘이 되고자 하는 욕망에 사로잡혀 스스로 남자와 여자로 분리되어 여자를 안았다. 거기서 인간이 태어나게 되었다. 그런데 여자는 에덴 동산의 이브처럼 근원적인 의문을 품었다. "그가 어떻게 자기 자신에게서 생겨난 나와 결합할 수 있는가?" 그리하여 여자는 암소로 변신하여 자신의 모습을 숨겼다. 하지만 남자는 수소가 되어 다시 그녀와 결합했고 거기서 송아지가 태어났다. 그녀가 암염소가 되면 그는 숫염소가 되었다. 이런

식으로 모든 생명체가 탄생하게 되었다.[9]

신화적 기술은 정말 대담하다. 그 어떤 것의 기원에 대해서도 결코 그냥 지나치는 법이 없다. 모든 신화는 기본적으로 기원의 신화이기 때문이다. 방금 언급한 인도 신화는 독특한 방식으로 생명의 기원에 대해 서술하고 있다. 즉 모든 생명은 하나의 동일한 근원에서 파생되었는데, 그 근원이 바로 아트만이라고 불리는 신적 대자아Self라는 것이다. 그런데 이 대자아는 처음부터 외로움과 두려움 또는 권태와 욕망의 덩어리였다. 그러니 그 대자아에서 파생된 무수한 파편적 자아들이 피할 수 없는 외로움과 두려움 또는 지워지지 않는 권태와 욕망에 시달리며 살아가고 있다 한들 전혀 이상할 것이 없다. 그것은 인간들의 어쩔 수 없는 존재조건이기 때문이다. 이 인상적인 창조신화는 이처럼 가장 근본적인 인간조건을 문제 삼는다는 의미에서 탁월한 형이상학적 상상력으로 밑그림이 그려져 있다고 말해도 좋을 것이다. 그런데 거기서는 그리스인들의 창세기 신화에서와 같은, 선악을 확연하게 나누는 발상은 그림자조차 찾을 수 없다. 인도인들은 신과 인간을 모두 선악의 갈림길이 부재하는 원초적인 존재의 길 위에 놓고 기원의 형이상학적 상상력을 펼칠 줄 아는 민족이었던 듯싶다. 그렇다면 앞에서 살펴본 일본 신화의 경우는 어떠한가?

일본 신화에는 아프리카의 조그만 부족들도 가지고 있는 우주 기원신화라든가 인간 기원신화가 나타나지 않으며, 그 대신 국토의 기원에 대한 서술이 강조되어 나온다. 뿐만 아니라 일본 신화에는 성적 상징이라든가 몸의 담론이 풍부하다. 눈에 보이는 것을 먼저 보고자 하는 경향이 강하기 때문일까? 그들에게 있어 눈에 보이지 않는 것은 관심의 우선 순위에서 밀려난다. 그래서인지 일본 신화는 앞에서 인용했던 인도 신화에서와 같은 형이상학적 표현이 그다지 발달되어 있지 않다. 그렇다고 해서 일본에 깊이 있는 '철학'과 '사상', '사유'가 없다고 말하는 것은 그야말로 난센스다. 형이상학만이 최고라고 고집하는 도그마에 빠져 있지 않는 한 말이다. 우리는 오히려 여기서 상상력의 자유를 더 문제 삼아야 할 것이다. 상상력은 결코 형이상학적 정신에만 갇혀 있는 수인(囚人)이 아니다. 몸의 기억으로 각인된 상상력이란 것을 상상해보면 어떨까? 기원의 상상력에서 일본인들은 매우 독특하고 매력적인 면모를 보여준다. 세계 어떤 신화에서도 일본 신화만큼 자신들이 서 있는 땅의 기원에 대해 놀랄 만큼 집요하게 파고든 사례는 찾아보기 힘들다. 그것을 몸의 상상력이라고 이름붙인다 해도 그리 지나친 비약은 아닐 것이다. 우리는 이 몸의 상상력으로 일본이라는 타자 안에 잠복해 있는 숨은 기호들을 다시 읽어낼 수 있을 것이다.

# 제 2 장

# 신불의
# 타자론

## 신도와 불교의 만남

일본의 종교사는 매우 특이하다.
특히 천여 년에 걸친 신도와 불교의 만남과 역사에서
우리는 타자에 대한 일본인의 독특한 태도를 엿볼 수 있다.
한편으로는 타자를 유연하게 받아들임으로써
자기를 확인하는가 하면 다른 한편으로는
타자 부정을 통해 자기를 확인하는 태도가 그것이다.
이 장은 이와 같은 양면성을
어떻게 이해하면 좋을지를 묻는다.

일본에는 신불(神佛)이라는 일상 용어가 있다. 그것은 신도의 신(神, 가미)과 불교의 불(佛, 호토케)을 합성시킨 단순한 합성어가 아니다. 일본인에게 신과 불의 구분은 사실상 무의미하다. 요컨대 신불이란 신이면서 불이고, 동시에 신도 아니고 불도 아닌 제3의 새로운 관념을 가리킨다. 이 신불이라는 용어가 어떻게 생겨났으며 이는 일본인에게 어떤 정조를 불러일으키는지를 이해할 수 있을 때 우리는 비로소 일본이라는 타자에게 더 가까이 다가서게 될 것이다. 이런 의미에서 이른바 '신불습합'이라 불리는 신도와 불교의 일본적 만남이 어떻게 이루어졌는지, 그 독특한 방식에 주목하면서 거기서 읽어낼 수 있는 일본인의 마음을 더듬어보기로 하자.

## 1. 타자 경험을 통한 자기 확인

앞장에서 살펴본 《고사기》 신화는 신도신화라고 바꾸어 말할 수 있다. 《고사기》는 일본 신도에게 일종의 경전 같은 문헌이기 때문이다. 원래 신도는 의례와 신사만 있을 뿐, 교조도 경전도 없는 자연종교였다. 이것이 후대로 내려오면서 점차 교의와 경전 등의 체계를 갖추게 된 것이다. 이와 같은 신도의 체계화를 가능하게 했던 최초의 역사적 계기는 538년 긴메이(欽明) 천황 당시 백제에서 불교가 공식 전래된 시점으로 거슬러올라간다. 불교 전래와 더불어 일본 고유의 신을 모시는 종교가 비로소 '신도'라고 불렸기 때문이다. 이전까지는 적어도 문헌상으로는 '신도'라는 명칭이 존재하지 않았다. 문헌상 최초로 '신도(神道)'라는 용어가 등장한 것은 《일본서기》 제31대 요메이(用明) 천황의 즉위전기(卽位前紀)에서다. 거기에는 "천황이 불법(佛法)을 믿고 신도(神道)를 존숭했다"[10]고 기록되어 있다. 이 즈음부터 일본인들은 불교의 불(佛)을 신도의 신인 '가미'와 구별하여 '호토케'라 부르기 시작했다. 이는 일본인이 불교라는 타자를 만나면서 최초로 자기로서의 신도를 자각하게 되었음을 시사한다. 이후 신도는 불교사상을 받아들여 스스로를 체계화시킨다. 이 과정을 일본 종교사에서는 통상 신불습합(神佛習合)이라고 한다. 이런 신불습합의 역사적 전개 과정은 대략 다음 네 가지 유형으로 구분될 수 있다.

첫째, 나라시대(奈良時代, 710~794)에 처음으로 일본 신도의 가미들이 불교 수행을 통해 해탈하여 호토케(佛)가 된다는 관념이 등장했다. 이것은 신도의 가미가 불법을 기꺼워함을 보여주는 것이다. 이런 관념과 더불어 신사에 부속된 절이 생겨나기 시작했다. 이런 절을 신궁사(神宮寺)라 한다. 신궁사에서는 신전독경(神前讀經)이라 하여 승려가 신도의 신전 앞에서 불경을 낭송하는 등 신사의 제사를 불교식으로 수행했다. 이런 관행은 처음에 지방을 중심으로 생겨 점차 전국적으로 퍼졌고, 근세에 이르러 대부분의 신사에서 행했다. 또한 신사의 신관들이 신도의 가미 앞에서 불경을 낭송하는 관례도 생겨나게 되었다.

둘째, 이윽고 신도의 가미들이 불법을 수호한다는 관념이 나타난다. 불법의 수호신으로서의 가미라는 관념은 나라의 도다이지(東大寺) 대불을 건립할 때 신도의 가미인 우사하치만(宇佐八幡)을 불법(佛法)의 수호신으로 모신 사건을 계기로 생겨났다. 이와 함께 조정은 도다이지 옆에 불교 사원의 수호를 위한 신사로서 진쥬하치만궁(鎭守八幡宮)을 세웠다. 앞에서 언급한 첫번째 신불습합의 형태가 '호토케가 가미에 접근하는 형태'로서 지방적 현상이었다면, 이는 중앙에서 일어난 역현상, 즉 '가미가 호토케에 접근하는 형태'라고 할 수 있다. 하지만 이상의 초기 신불습합 현상에서 주류는 역시 첫번째 형태다. 거기에는 다만 신전독경이라든가 하는 현상만이 존재할 뿐 신도의 사상적 체계화는 아직 보이지 않는다.

셋째, 신도의 사상적 체계화는 이른바 '본지수적설(本地垂迹說)'로 대표되는 신불습합의 형태가 등장하면서 이루어지기 시작한다. 이 본지수적설은 호토케가 가미의 본지(본질)이며, 가미는 그 호토케의 수적(중생구제를 위해 현현한 호토케의 화신)이라고 주장했다. 그리하여 헤이안시대(平安時代, 794~1192) 말기에 이르러 모든 가미마다 보살명을 받았으며, 신사에서 본지불을 모신다든지 신사 제사와 관리 등을 아예 승려가 담당하는 상황이 현저하게 나타났다. 예컨대 일본 신도의 최고 신인 아마테라스조차도 밀교의 대일여래(大日如來)와 동일시되었다. 여기서 아마테라스는 대일여래가 임시로 일본 땅에 모습을 나타낸 것으로 간주되었다. 그리고 이런 본지수적설이 이론적으로 완성된 가마쿠라시대(鎌倉時代, 1192~

1333)에 들어서면, 일본 진언종(眞言宗)의 료부(兩部)신도설 및 일본 천태종(天台宗)의 산노(山王)신도설[11] 등의 본격적인 신불습합 형태가 성립되기에 이른다.

이와 같은 신불습합의 세 가지 유형이 불교 주도적인 것이었음은 말할 나위없다. 그러나 곧이어 이런 불교 중심의 본지수적설에 대한 신도측의 반동이 일어난다. 그것이 다음에 살펴볼 신불습합의 네 번째 유형이다.


## 2. 타자 부정을 통한 자기 확인

예컨대 남북조시대(南北朝時代, 1333~1392)에는 수적인 가미가 본지인 호토케보다 더 존귀하다는 '수고본하(垂高本下)' 관념이 등장하게 된다. 이는 가마쿠라시대를 거치면서 몽고내습이라는 시대 상황에 부응하여 일본에 대한 자각이 높아짐에 따라 생겨난 관념이다. 이에 따라 가미와 호토케를 분리하여 순수한 신도를 확립하려는 입장이 드러나게 된다. 가령 중세 이세(伊勢) 신도와 요시다(吉田) 신도는 이런 입장을 노골적으로 주장하기 시작했다. 이세 신도는 이세 신궁 외궁의 신관이었던 와타라이 이에유키(度會家行, 1256~?)에 의해 창시되었는데, 불교를 배척하고 신국사상을 내세워 향후 일본 사상사에 많은 영향을 끼쳤다. 또한 요시다 가네토모(吉田兼俱, 1435~1511)에 의해 창시된 요시다 신도는 이런 이세 신도의 관점을 더욱 발전시켜 '신도야말로 모든 종교의 원류'라는 주장을 내세웠다. 이와 같은 맥락에서 요시다 신도는 일명 유이이츠(唯一) 신도라고 불리기도 한다. 이 요시다 신도에 의하면, 일본에서 생겨나 뿌리내린 신도가 중국에서 가지를 뻗고 인도에서 꽃을 피웠으며 열매를 맺었는데, 그 열매가 떨어져 다시 원뿌리인 일본으로 돌아온 것이 불교라는 것이다. 이는 호토케가 본체이고 가미는 그 화신이라는 본지수적설에 대한 정면 도전이라 할 만하다.

한편 에도시대(江戸時代, 1603~1868)에 들어서 막부가 주자학을 치세의 학문으로 권장하게 되자, 사회의 모든 방면에서 유교적 경향이 심화되기 시작했다. 그런 분위기 속에서 신도 또한 유교의 강력한 영향을 받게 된다. 예를 들어 에도시대에 걸쳐 신도 행정은 요시다 신도가 독점하고 있었는데, 이런 요시다 신도의 정통을 계승한 요시카와 고레타리(吉川惟足, 1616~1695)라든가, 이세 신도를 계승한 와타라이 노부요시(度會延佳, 1615~1690)는 신도와 유교의 일치를 강조하는 등 많은 부분에서 유교적 색채를 짙게 드러냈다. 이런 경향은 야마자키 안사이(山崎闇齋, 1619~1682)에 이르러 정점에 이른다. 안사이는 요시카와에게서 요시다 신도를, 와타라이에게서 이세 신도를 전수받아 스이카(垂加) 신도를 창시했다. 종래의 모든 신도설을 집대성한 스이카 신도의 교의체계는 주자학적 논리에 토대를 두면서 거기에 음양도와 기학(氣學)을 가미한 것이었다. 안사이는 인간이 경(敬)에 극진하면 누구든 우주의 본체와 합일할 수 있다고 주장하는 한편, 신도를 아마테라스의 도(道)라고 규정하면서 그 아마테라스의 후

손으로 간주되어온 천황을 향한 열광적인 숭배를 강조했다.[12]

그런데 불교사상을 채용하여 신도를 체계화한 중세 요시다 신도든, 유교사상에 의거하여 신도를 조직화한 근세 요시카와 신도든, 또는 주자학에 근거한 스이카 신도든, 거기서 일본 고유의 것이라고 주장된 신도의 내실을 들여다보면 기본적으로 외래 사상의 영향을 받아 형성된 것임을 알 수 있다. 이에 비해 외래 사상을 일체 배제하고 문자 그대로 오직 순수한 신도만을 내세우는 새로운 사조가 나타났다. 그것은 바로 국학(國學)이다. 일본의 고대어 연구에 몰두한 가다노 아즈마마로(荷田春滿, 1669~1736)와 만엽집 연구에 일생을 바친 가모노 마부치(賀茂眞淵, 1697~1769)를 거쳐, 30여 년 간의 작업 끝에 대작 《고사기전》 44권을 펴낸 모토오리 노리나가(本居宣長, 1730~1801)에 이르러 집대성된 국학은 이후 국체를 강조하여 에도 후기의 근왕지사들에게 직접적인 영향력을 행사한 히라타 아쓰타네(平田篤胤, 1776~1843)의 훗코(復古) 신도로 이어진다. 이들은 우부스나가미(産土神 : 氏神, 마을의 수호신) 덕(德)으로 이자나기와 이자나미에 의해 시작되어 아마테라스로 계승되어 대대로 전해져 내려온 것이 바로 신도이며, 거기에는 불교나 유교 등 외래 사상이 조금도 들어 있지 않기 때문에 순수하게 일본적인 것이라고 주장했다.

이와 같은 노리나가와 아쓰타네의 주장은 다름아닌 타자 부정을 통한 자기 확인이라 할 수 있다. 그런 입장은 결국 1868년 메이지(明治) 유신 이후의 신불분리로 귀결되었다. 메이지 정부는 서구 근대문명 흡수에 주력하는 한편 왕정복고를 추진

하여 이른바 '진무(神武) 창업'이라는 슬로건 아래 제정일치적인 고대로의 회귀를 표방했다. 이는 만세일계의 초대 진무천황이 모든 어려움을 극복하고 이루어낸 건국정신으로 되돌아가 온 국민이 일체가 되어 근대국가 건설에 매진하자는 뜻을 담고 있었다. 다시 말해서 메이지 정부는 서세동점에 대한 위기감으로 국가의식이 고조되고 있던 시대적 배경을 등에 업고 신도신화를 빌려 일본인의 정신적 정체성을 확립시키고자 했던 것이다. 이를 위해 정부는 고대 율령제 아래에서 신도행정을 관장하던 신기관(神祇館)을 부활시키고 신도와 불교를 분리한다는 신불판연령(神佛判然令, 1868년)을 포고한다. 이로써 종래 신사에 있던 불교 사원인 신궁사(神宮寺)가 폐지 또는 이전되었고 신궁사를 관장하던 승려들 또한 강제로 환속당했다. 신사가 신기관의 통제를 받게 되면서 불보살 및 권현 등의 신호(神號)가 폐지됨과 동시에 신사에 안치되어 있던 불상과 불경 및 각종 법구 등이 제거되었다. 메이지 정부가 불교 자체를 근절시키려 했던 것은 아니었는데도, 이와 같은 신불분리정책은 결과적으로 일반 민중들 사이에서 과격한 폐불훼석(廢佛毁釋, 절을 부수고 불상, 불경, 법구 등을 파손시킨다는 의미) 운동을 초래하고 말았다. 이로써 나라시대 이후 천여년 간 지속되었던 신불습합의 역사는 적어도 외면상으로는 일단락된다.[13)]

## 3. 용광로의 회상

천여 년 간이나 두 개의 이질적인 종교가 공존하면서 신불이라는 새로운 신관념을 만들어낸 일본의 신불습합은 세계 종교사에서 유례를 찾기 힘든 현상이다. 이런 현상을 어떻게 이해하면 좋을까? 신도와 불교는 서로가 타자를 포용할 줄 아는 하나의 그릇이었다. 그런 관용성이 없었다면 신불습합이라는 현상은 애당초 가능하지도 않았을 것이다. 예컨대 신도의 관용성은 아마도 궁극적 절대자를 인정하지 않으며 교조도 경전도 없는 신도의 자연종교적 특성과 무관하지 않을 것이다. 그래서 일본인들은 불교에 귀의하기 위해 구태여 신도의 신들을 버려야 한다고는 생각하지 않았다. 이는 기독교를 신앙하게 되면 불상을 부수고 조상의 위패를 땅에 묻어버려야 한다고 생각한 한국인들의 종교적 태도와는 근본적으로 다른 것이었다.

한편 나카무라 하지메(中村元)라는 저명한 불교학자는 쇼토쿠 태자의 17조 헌법에 나오는 화(和)사상 등을 예로 들면서, 신불습합을 가능케 한 정신이 바로 불교의 관용 정신, 특히 법화경의 일승(一乘)사상에서 유래한 것이라고 주장한다. 말하자면 불교가 일본인의 관용 정신에 많은 영향을 미쳤다는 것이다. 가령 지금도 일본인들 사이에는 사람이 죽으면 누구나 호토케가 된다는 관념이 일반적으로 통용된다. 거기에는 생전에 무슨 종교를 믿었든 죽으면 누구든 다 구원받는다는 종교의 무한정한 관용 정신이 깔려 있다. 실제로 일본 종교사상사에서는 서구나 우리 나라에서와 같은 이단시비가 거의 없다. 이 점 또한 종교적 관용 정신과 관계가 있을 것이다. 요컨대 신불습합의 역사야말로 일본인의 관용 정신을 잘 보여주는 대표적인 사례라 할 수 있다.[14] 일본인은 어떤 새로운 것(타자, 다시 말해 불교)을 수용할 때, 그것을 끊임없이 이전의 것(자기, 다시 말해 신도)과 동화시키고 현재화한다. 그런데 그렇게 해서 형성된 '현재'는 '과거'를 부정하는 것이 아니라, '과거'에 그냥 계속 첨가되어 축적된다. 거기서 부정의 논리 대신 공존과 화해의 논리가 발달한다.[15] 마루야마 마사오(丸山眞男)는 이처럼 자기와 다른 타자를 일단 무한정 포용하여 그것을 자기 안에 평화 공존시키는 일본인의 사상적 관용성을 '정신적 잡거성'이라고 비판했다. 그러나 적어도 일본 종교에 관한 한, 그 정신적 잡거성은 일종의 용광로로 기능했다. 일본은 실로 종교의 용광로이다. 일본 종교사는 모든 외래 종교가 초기 수용 단계에서 별 갈등 없이 수용되어온 사실을 증언한다. 그리고 일단 일본이라는 용광로에 들어가면 기독교를 제외한 어떤 종교도 일본화된다. 제5장에서 다루고 있지만 기독교 또한 전래 초기에는 세계 기독교사에 유례없을 정도로 성공적으로 수용된 모습을 보여주고 있다.

그렇다면 이처럼 일본이라는 용광로의 문화적 토양 위에서 천여 년 간 지속되어온 신불습합이 어느 날 갑자기 폐불훼석으로 막을 내리게 된 전도(顚倒) 현상을 어떻게 설명할 수 있을까? 메이지 정부의 신불 분리령에 따라 전국적으로 확산된 폐불훼석 현상에 대해, 마루야마 마사오는 '역사는 회상'이라고 한 고바야시 히데오(小林秀雄)의 말을 인용하여 이렇게 해석한다. "새로운 것, 본래 이질적인 것까지 과거와의 충분한 대결 없이 차례차례 섭취되기 때문에 새로운 것의 승리는 놀랄 정도로 빠르다. 과거는 과거로서 자각적으로 현재와 마주서지 않고 옆으로 밀려나거나 아래로 내려가 의식에서 사라져 '망각'되므로. 그것은 때로 갑작스럽게 '회상'으로 분출하게 된다."[16] 이런 해석에 비추어 신불습합의 역사를 나름대로 재구성해보면 이렇다. 즉 일본인들은 불교라는 타자(새로운 것, 이질적인 것)를 재빨리 섭취했으며, 불교는 얼마 지나지 않아 신도(과거의 전통)를 능가하게 되었다. 그러나 이런 불교(타자)의 수용은 신도(자기)와의 충분한 대결 없이 받아들인 것이었고, 그 결과 일본인들은 불교의 옷을 단단하게 입은 채 신도를 망각하게 되었다. 그러다가 어느 날 갑자기 신도를 다시 회상해낸 일본인들은 충동적으로 불교의 옷을 벗어 던졌다. 그것이 바로 폐불훼석이다. 그것을 '용광로의 회상'이라 바꿔 말해도 좋을지 모르겠다. 아마도 그런 '용광로의 회상'이 타자 부정을 통한 자기 확인이 아니라, 타자 경험을 통한 자기 확인의 토대 위에서 창조적인 주물(鑄物)로 이어질 때 비로소 일본은 진정한 '용광로'가 될 것이다.

# 제 3 장

# 선악의 역설

일본 신도의 숲[17]

이 장에서는 특히 선과 악에 대한
일본인의 기층 관념에 초점을 맞추어,
일본 신도사상 및 국학자 모토오리 노리나가의 사상을
살펴봄으로써 삶과 세계의 역설에 대한 일본인의
독특한 감각을 생각해보고자 한다.

## 1. 신도의 선악관

신성한 것과 부정한 것은 서로 반대일까? 신도에는 '이미'라는 관념이 있다. 일본어의 '이미'는 일종의 신성 관념을 가리키는데, 이 말에는 청정한 것을 특별 취급하여 격리시키는 '이미(齋)'와, 부정한 것을 특별 취급하여 격리하는 '이미(忌)'라는 의미가 함께 담겨 있다. 여러 문화권에서 공통적으로 발견되는 금기의 이중성, 즉 신성하기 때문에 금기시하는 것과 부정하고 위험하기 때문에 금기시하는 이중 관념에 관해서는 이미 문화인류학에서도 많이 언급되었다. 루돌프 오토 Rudolf Otto 또한 '누미노제 Numinose'라는 신성 관념 안에 다양한 이질적인 감정들이 공존하고 있음을 지적한 바 있다. 마찬가지로 '이미'라는 고대 신도적 관념에서도 이질적인 요소의 공존이 두드러진다. 그런데 '이미'의 경우, 그것은 단순한 공존이 아니다. 거기에는 상반되는 두 요소, 즉 청정 관념과 부정 관념이 일종의 생명력에 대한 특이한 감각을 매개로하여 연결되어 있다. 말하자면 신도의 경우 신성한 것과 부정한 것이 하나의 뿌리에서 동일한 생명력을 갖고 생겨나와 서로 긴밀하게 연결되어 있는 셈이다. '케가레'와 '하레'의 순환에 관한 일본인의 민속적 관념을 통해 이런 연관성을 확인해보기로 하자.

일본 민속용어에 부정 관념을 나타내는 말로 '케가레(ケ枯

れ)'란 것이 있다. 케가레에서 '케'는 쌀을 성장시키고 열매 맺게 하는 생명력으로 해석될 수 있다.[18] 이것은 민간에서 공동체의 일상적 삶을 가리키는 관념으로 바뀌게 되었다. 이런 일상(케)에 반해 비일상은 '하레'라고 칭해졌다. 그러니까 '케'가 말라버렸다(枯)는 걸 뜻하는 '케가레'란 말은 결국 일상을 살아가도록 해주는 생명력이 고갈된 상태를 의미한다. 다시 말해 그것은 일상의 위기를 뜻한다. 이와 같은 삶의 위기는 주기적으로 인간의 삶에 엄습한다. 그럴 때마다 인간은 '케', 즉 생명력을 회복함으로써 일상적 삶의 질서로 되돌아가지 않으면 안 된다. 이처럼 쇠퇴한 생명력에 다시 에너지를 주입시키는 과정이 곧 '마쓰리(祭り)'라 불리는 신도의례이다. 이때 마쓰리란 신도에서 행해지는 제사를 가리키기도 하고 동시에 축제를 뜻하기도 한다. 이런 마쓰리의 신도의례는 일상과는 질적으로 다른 비일상으로 여겨졌는데, 그것이 '하레'라는 관념이다. 요컨대 마쓰리의 신도의례를 행하며 사는 일본인의 삶은 "일상(케)→일상의 쇠퇴(케가레)→비일상(하레 : 마쓰리)→일상으로의 복귀"라는 반복적인 내적 구조를 지닌다고 볼 수 있다.[19]

시인 보들레르는 인간의 생명력을 고갈시키는 권태를 '악의 꽃'이라고 노래했는데, 신도 또한 무엇보다 생명력의 고갈을 악으로 이해하고 있는 듯 싶다. 생명력이 고갈된 상태인 케가레는 부정하고 혐오스러운 악이다. 따라서 그것은 '하라이(祓)'라는 정화의례를 통해 정화시키지 않으면 안 된다. 지금도 일본에서는 마쓰리를 거행하기에 앞서 먼저 신사에서 케가레를 씻어내어 정화시키는 의례가 행해진다.

하라이에는 두 종류가 있다. 하나는 악과 흉(凶)을 씻어내는 정화의례이고 다른 하나는 선과 길(吉)을 불러오기 위한 것이다. 이 두 가지 하라이는 통상 동시에 행해진다. 이처럼 선과 악 모두에 관련된 하라이의 정화의식이 끝난 다음에야 비로소 하레의 축제가 시작되는 것이다. 결국 산다는 것은 하나의 축제이며 생명력의 누림을 뜻한다. 거기에는 본래 악이란 존재하지 않는다. 모든 악은 더럽혀진 것일 뿐이며, 그것은 씻어내기만 하면 본래의 생명력을 되찾을 수 있다. 그리고 이 본래의 생명력이야말로 최고의 선이다.

과연 고대 일본인은 절대적인 악이나 흉은 존재하지 않는다고 생각한 것 같다. 앞서 살펴본 일본 신화에 의하면, 이자나기가 황천에서 도망쳐 나왔을 때, 이자나미는 날마다 지상의 인간을 천 명씩 죽이겠다고 저주했다. 이에 대해 이자나기는 날마다 천오백 명을 태어나게 하겠노라고 응수한다. 이 신도 신화에는 삶과 죽음, 희망과 절망, 옵티미즘과 페시미즘, 선과 악의 미묘한 뒤엉킴에 대한 고대 일본인들의 태도가 안개꽃처럼 묻어나 있다. 만일 고대 일본인들이 죽음을 절대적인 악이라고 생각했다면 이런 신화는 생겨나지 않았을 것이다. 죽음은 절대적인 악이 아니라 다만 생명력의 일부일 따름이다. 앞에서 이야기했듯이, 신도에서의 악이란 생명력의 쇠퇴, 즉 탁해진 상태를 뜻하기 때문이다.

고대 일본어에는 원래 현대 일본인들이 사용하는 것처럼 도덕적 의미가 내포된 선악이란 개념은 없었다. 고대 일본어로 선은 '요시'라고 하는데, 이는 길(吉), 귀(貴), 가(佳), 양(良), 행(幸) 등의 의미를 내포한다. '요시'의 반대로 악은 '아시'라고 불렀다. 이것이 후대로 내려오면서 선은 '기요키' 또는 '우르하시키'라 하여 맑고 청정한 상태를 뜻하는 말로 쓰이게 되며, 악은 '아카키' 또는 '기타나키'라 하여 탁하고 부정한 상태를 가리키게 되었다. 신도에서의 선과 악이란 맑으냐 탁하냐의 문제일 뿐, 옳으냐 그르냐 하는 도덕적인 가치 판단과는 거리가 먼 것이다. 오늘날의 용법과 같은 도덕적인 의미가 일본인의 선악 개념에 개입된 것은 아마도 불교와 서구 사상, 기독교의 영향 때문일 것이다.

요컨대 신도에서의 선악 관념은 반드시 도덕적 가치에 의존하지는 않는다. 신도의 가미는 서구의 윤리적 유일신관의 전제인 '절대적으로 선한 신'과는 달리, 도덕적인 선악에 구애받지 않는 존재로 여겨진다. 일본을 대표하는 탁월한 사상가 모토오리 노리나가는 《고사기전》에서 신도의 '가미'를 "고전에 나오는 천지의 제신들을 비롯하여, 그 신들을 모시는 신사의 어령(御靈), 인간, 조류, 짐승, 초목, 바다, 산 등 범상치 않으며 은덕 있고 두려운 모든 존재를 일컫는 말이다. 가미에는 이렇게 여러 종류가 있다. 가령 귀한 가미, 천한 가미, 강한 가미, 약한 가미, 좋은 가미, 나쁜 가미 등이 있으며, 그 마음도 행함도 여러 가지라서 어떤 하나로 규정하기 어렵다"고 정의 내리고 있다. 이는 통상 일본인의 신관념을 가장 전형적으로 묘사하고 있다고 평가받는다. 이런 정의에 의하면 모든 것이 신이 될 수 있다. 그 신은 우리를 두려움에 떨게 할 만큼 힘 있는 존재이기만 하면 되며 반드시 도덕적일 필요는 없다. 이 글에서는 이처럼 도덕과는 무관한 선악에 대한 태도를 '선악의 피안'이라고 상정했다. 이 말은 니체의 용어이다. 니체가 이 말을 쓴 것은 선뿐만 아니라 악 또한 삶의 필요충분 조건이라고 보는 입장에서였다. 이런 표현만으로 신도의 선악 관념을 적절하게 다 담을 수는 없겠지만, 적어도 도덕의 차원과는 다른 차원에서 선악을 말하고 있다는 점에서는 양자가 일치한다고 보여진다. 노리나가의 신도사상은 이런 '선악의 피안'을 매우 웅변적으로 피력하고 있다.


## 2. 선악의 피안—노리나가를 묻는다

국학자 노리나가는 1730년 이세(伊勢) 마쓰사카(松阪)의 한 상가에서 태어났다. 양친은 모두 정토종 신자였으며, 특히 어머니는 노리나가가 결혼한 해(1762년)에 출가했고 두 명의 이모 또한 그 뒤를 따라 여승이 되었다. 노리나가 자신도 열 살 때 이미 영소(英笑)에서 법명을 받는 등, 청년기의 노리나가는 정토종의 교리에 상당히 정통해 있었다. 이와 더불어 노리나가는 열심히 이세 신궁에 참배하면서 신도의 가미들을 숭경했다고 한다.[20] 열한 살 때 아버지와 사별한 노리나가는 어머니와 주변의 기대를 저버리고, 상인이 되는 대신 1752년에 교토로 가 의사 지망생이 되었다. 이때 의학 수업에 필요한 한문 서적을 읽기 위해 유학자 호리 게이잔(屈景山)의 문하생으로 들어가 광범위한 독서를 했으며, 6년간의 교토 유학생활 끝에 고향으로 돌아와 병원을 개업한다. 아울러 사설 학원을 열어 《겐지모노가타리(源氏物語)》를 강의하면서 많은 가론집을 펴냈다. 이 무렵 노리나가는 마쓰사카에서 당대 일류 국학자 가모노 마부치(賀茂眞淵, 1697~1769)를 만나게 되는데 이를 계기로 신도 연구에 뜻을 두고 30여 년에 걸친 대작 《고사기전(古事記傳)》의 집필에 들어갔다.

일반적으로 노리나가의 국학은 이토 진사이(伊藤仁齋), 오규 소라이(荻生徂徠) 등의 고학(古學)에 자극받아 17세기 후반 가학(歌學)의 혁신운동에서 시작된 전기국학(契沖, 賀茂眞淵)을 사상적으로 대성시킴으로써 후기국학〔平田篤胤〕으로의 전개를 가능하게 한 일대 분수령으로 평가된다. 가론에서 신도론에 이르는 그의 광범위한 사상체계에 대해서는 매우 다양한 평가가 이루어져왔다. 가령 고야스 노부쿠니(子安宣邦)에 의하면, 노리나가의 대표작 《고사기전》은 18세기 후반에서 19세기에 걸친 언설 공간에 있어 《고사기》를 신도경전으로서 새롭게 재해석한 하나의 '사건'이었다. 또한 패전 후 일본에서 《고사기전》은 충실한 실증주의적 주석이라는 평가와 동시에, 지극히 배타적이고 국수주의적이라는 비판을 받기도 한다.[21]

요컨대 노리나가에 대한 시선은 양극을 달리고 있다. 그리하여 노리나가는 오늘날에도 일본인을 내면에서 규제하는 일본적 사고를 형식화한 사상가로 간주되어 종종 '내면의 노리나가'[22]가 문제시된다. 또는 "노리나가의 고대 일본어 연구가 그 치밀한 실증성에 있어 획기적임에 비해, 이 동일한 학자가 조야하고 광신적인 배타적 국가주의를 주창한 것은 도대체 어찌 된 일인가"라는 이른바 '노리나가 문제'[23]로 다뤄지기도 한다. 말하자면 일본적 사고는 양면성을 내포하고 있는데, 노리나가야말로 그런 양면성을 가장 전형적으로 노출시킨 사상가라는 말이다. 이리하여 노리나가를 알고 노리나가에게 관심을 가지는 일본인들은 고민에 빠지지 않을 수 없다. 매력적이면서도 모순에 가득 찬 노리나가라는 인물 자체가 일본인의 마음을 비추는 거울이자 동시에 하나의 풀리지 않는 역설이기 때문이다. 물론 우리는 모두가 하나의 역설이다. 다만 그것이 어떤 역설이냐, 역설을 어떤 방식으로 받아들이느냐 하는 데에서 차이가 있을 뿐이다. 노리나가는 선악의 역설, 곧 인간의 역설을 '선악의 피안'의 자리에서 받아들인 듯싶다. 앞에서 말했듯이 이 때의 '선악의 피안'은 도덕적 선악과는 무관한 자리에서 선악의 문제가 다뤄지는 방식을 가리킨다. 그러면 이런 '선악의 피안'이 노리나가의 주저 《고사기전》에서 어떻게 묘사되고 있는지, 직접 그 육성을 들어보자.

①천명(天命)이 있다면 하늘 아래 모든 이에게 선악의 징표를 보여주어, 선인은 오랫동안 복을 받고 악인에게는 재앙이 임한다는 이치를 보여주어야 할 것이다. 그러나 선인이 불행을 만나고 악인이 잘되는 현실은 예나 지금이나 다반사이니 이는 무엇 때문인가? 만일 정말로 천명이 있다면 그런 일은 없을 것이다.

②마가쓰비(禍津日)의 마음이 날뛰는 것은 막을 도리가 없으니 매우 슬픈 일이다. 세상사가 모두 올바른 이치[理]에 따라 일어나

는 것은 아니다. 세상에는 파괴적이고 사악한 일이 많이 있는데, 이는 모두가 마가쓰비의 마음에 의한 것이다. 마가쓰비가 심히 날 뛰면 아마테라스와 다카기(高木大神)조차 그것을 막지 못하니, 하물며 사람의 힘으로는 어찌할 도리가 없다. 선한 사람도 화를 입고 악한 사람도 복을 받는 등, 통상의 이치에 반한 일들이 많음은 모두가 이 마가쓰비 때문이다. 외국에는 신대(神代)에 관한 올바른 전승이 없어 이런 소이를 알 수 없는 까닭에 단지 천명설을 내세워 모든 일을 당연한 이치〔當然理〕에 의해 판정하려 드는데, 이는 심히 어리석은 일이다.

③마가쓰비의 난폭한 행동을 보면서 가만히 있을 수만은 없어서, 가무나오비(神直毘)와 오오나오비(大直毘)의 힘에 의지하여 이 모든 잘못된 것을 바로 고치고자 한다.

①에서 노리나가는 세상이 천명과 이치대로만 되지 않는다는 점, 현실은 선량한 사람들이 짓밟히며 이용당하고 반대로 악한 자들이 영화를 누리는 일이 많다는 점을 지적한다. 이는 '세계의 불완전성'에 대한 일반적인 자각이다. 에도시대의 일본인이나 지금 우리가 현실에서 느끼는 모순의 감정은 비슷한 듯싶다. 그런데 노리나가는 그런 부조리한 현실을 전적으로 마가쓰비라는 악신 탓으로 돌린다.

한편 ②에서 노리나가는 《고사기》 및 《일본서기》 신화의 최상층부 판테온에 나오는 선신 아마테라스와 다카미무스비(다카기)조차 이 악신을 제어할 수 없는데, 하물며 인간으로서는 어림도 없다고 말한다. 그러면서도 ③에서는 선신인 나오비의 힘을 빌려 악신 마가쓰비가 초래한 악한 현실을 바로잡겠다는 강한 의지를 표명하고 있다. 여기서 노리나가는 선신과 악신의 관계를 대립적으로 설정하는 한편, "이 마가쓰비가 자주 난폭하게 군다고 해도, 끝내는 결코 선신을 이기지는 못할 것"이라 하여 악신에 대한 선신의 궁극적인 승리를 확신하고 있다. 이와 아울러 ②에서 인간의 수동적인 무력함을 지적하는가 하면, 동시에 ③에서는 인간의 능동적인 의지를 표명함으로써 이중적인 태도를 드러내고 있다.

이와 같은 이중적 태도는 비단 선악의 문제에서뿐만 아니라 노리나가 사상 전반에 걸쳐 엿보이는데, 그것은 분명 하나의 역설이다. 이상과 같은 선신과 악신의 이원론 그리고 인간의 수동성과 능동성의 모순되는 병존과 관련하여, 신과 인간 및 선악에 대한 노리나가의 입장에 한 발 더 가까이 다가가보자.

노리나가에 의하면, 하늘과 땅 사이의 모든 것은 선한 것이든 악한 것이든 가미의 마음에서 생겨난 것이다. 그런데 그 가미는 이치[理]에 맞느냐 안 맞느냐를 가지고 헤아릴 수 없다. 다만 가미의 성냄을 두려워하면서 전적으로 삼가 모실 일이다. 신도의 가미는 유교에서 말하는 성인(聖人)과는 크게 다르다. 가미는 지극히 신비롭고 영묘하여 많은 경우 인간의 지혜로는 헤아릴 수 없다. 세상의 식자들이 신대의 기이한 일을 알지 못한 채, 그것을 곡해하여 일반인들에게 설함은 모두가 가라고코로(漢意)에 빠진 탓이다. 인간의 지혜는 아무리 뛰어나다 해도 한계가 있어 헤아려 알 수 없는 일은 끝내 알지 못한다. 그리하여 이것이 선이라 생각하여 행한 일이 실은 악한 일이고, 악이라 생각하여 금한 일이 실은 그렇지 않은 경우도 많다. 하지만 세상 돌아가는 이치에서 보면 길하고 선한 것뿐만 아니라, 흉하고 악한 것도 없어서는 안 된다. 세상만사〔顯事〕는 모두 가미의 조화(幽事)이다. 다만 차이가 있다면, 비유하대 가미는 인간처럼 작동하고 인간은 머리와 팔다리가 있는 인형처럼 작동한다는 점이다. 그러나 다른 한편, 사람은 본래 흉과 악을 미워하고 길과 선을 이루어야 할 존재로 태어났다. 이는 누가 가르쳐준 것이 아니라 저절로 그렇게 되는 것이다. 요컨대 모든 일은 신의 조화이며 악의 존재 또한 신의 뜻에 의한 필연이다. 그러나 지적 능력에서 절대적으로 한계가 있는 인간들은 그런 선악의 존재론적 신비〔妙理〕를 다 헤아릴 수가 없다. 인간은 다만 저절로 선을 추구하는 인형과 같은 존재로, 선악 모두를 포괄하는 신을 선하든 악하든, 좋든 싫든 상관없이 따르지 않으면 안 된다는 것이다.

여기서 특히 문제 삼고 싶은 점은 선악의 판단 기준이 무엇이냐 하는 것과, 노리나가가 말하는 악이라는 것이 무엇이냐 하는 그 구체적 내용이다. 첫번째로 선악의 기준에 관해 생각해보자. 기본적으로 노리나가는 선악을 판단하는 것 자체에 대해 부정적이다. 그러면서도 한편으로는 선신과 악신을 분명히 구분하여 설정하고 있다. 앞에서도 언급했듯이, 이런 노리나가의 태도는 분명 일관성이 없어 보인다. 그럼 이때 선악을 나누는 판단 기준은 무엇일까? 그 기준으로 노리나가는 위 인용문에서도 엿볼 수 있듯이, 무엇보다 먼저 '가미의 마음(神の御心)'을 들고 있다. 하지만 그 밖에도 '종(種)의 원리'

라든가 '모노노아하레(物哀)' 등을 선악의 판단 기준으로 제시하고 있다. 가령 근세 일본의 이데올로기 시스템은 덕(德)의 원리보다는 종의 원리가 더 중요시되었다고 한다.[24] "군주는 본래부터 고귀하며, 그 고귀성은 덕에 의한 것이 아니라 전적으로 혈통(種)에 의한 것"이라는 노리나가의 말도 이 점을 뒷받침해준다. 우리의 상식으로 말하자면 당연히 덕이 선악의 기준이 될 것 같은데, 노리나가는 덕보다 종의 원리를 더 중시하고 있다. 선악이 덕과는 무관한 자리에서 말해지고 있는 것이다.

　그렇다면 '모노노아하레'란 무엇인가? 원래 모노노아하레는 헤이안시대의 애상적인 정조를 나타내는 문학 용어로, 노리나가는 이를 "사물의 마음을 헤아려 아는 것"이라고 정의했다. 세상의 모든 대상을 접할 때마다 그때 그때 자연스럽게 마음이 동한다. 기뻐할 만한 일에는 기뻐하고, 우스운 일을 만나면 웃음이 나오고, 슬픈 일을 만나면 슬퍼지고, 그리워할 만한 일에는 그리워진다. 이렇게 각각의 대상에 따라 다르게 느끼는 것, 그것이 모노노아하레를 아는 것이다. 문학작품은 바로 이런 모노노아하레에서 생겨난다. 노리나가는 일본의 와카(和歌)에 대해 깊은 애정을 갖고 있었는데, 그는 이 와카가 "모노노아하레를 아는 데에서 나온다"고 보고, 또한 고대의 이상향적인 신대풍(神代風)을 전달해준다 하여 거기에 지상의 가치를 부여했다. 그런데 "시가란 생각나는 대로 나오는 것이다. 마음에 떠오른 것을 선악에 관계없이 읊는 것이다"라고 말하는 데에서 엿볼 수 있듯이, 노리나가는 모노노아하레를 도덕적 선악의 피안에 상정하고 있다. 대상의 마음을 느낀다는 것은 도덕적 가치판단 이전의 좀더 근원적인 것이다. 느끼는 마음은 자연스럽고 예민하여, 나의 마음이면서도 내가 어쩔 수 없는 것이다. 그것은 악에 대해서도 마찬가지다. 악에 마음이 동해서는 안 된다고 생각해도 자연히 예민하게 느끼게 된다. 그리하여 노리나가는 이 "모노노아하레를 아느냐 모르느냐가 선악의 중요한 관건이 된다"고 보고 있는 것이다. 요컨대 '모노노아하레'라는 것은 통상의 윤리적 판단을 넘어선 미를 기준으로 한 선악의 판단 기준이라 할 수 있다.[25]

흥미로운 것은 '선하든 악하든' 상관없이 따라야만 하는 이와 같은 선악의 판단기준이 노리나가 사상에서 두 가지 모순되는 논리, 즉 절대적 논리와 상대적 논리로 전개된다는 점이다. 마루야마 마사오(丸山眞男)는 이런 '선하든 악하든'의 논리를 '홉스적 실증주의'라고 불렀다.[26] 여기서 '홉스적 실증주의'란 질서의 타당성이 진리 또는 정의와는 전혀 관계없다는 것을 뜻한다. 이런 논리는 "아랫사람은 윗사람이 선하든 악하든 그의 뜻에 따라야만 한다"라든가, "아마테라스의 말씀 중에도 천황이 나쁘면 복종하지 말라고 하신 적이 없다. 그러니까 천황이 선하든 악하든 옆에서 엿보고 판단하거나 할 수는 없는 것이다"와 같은 노리나가의 말에서 알 수 있듯이, 선악을 넘어선 지점에서 성립되는 절대적인 지배 = 복종윤리와 연결되어 있다. 이런 절대적 논리와 함께 노리나가는 다른 한편으로 상대적 논리를 주장하기도 한다. 가령 노리나가는 "유교도 불교도 노장도 모두 크게 말하자면 그때 그때의 신도이다"라고 적고 있는데, 여기서는 유연한 상대주의의 자리에서 신도를 바라보는 입장을 엿볼 수 있다.

이처럼 노리나가는 선악의 기준으로서 '신의 마음'이라든가 '종의 원리'라든가 또는 '모노노아하레'와 같은 것들을 제시하고 있다. 그런 기준들은 공통적으로 '이것이냐 저것이냐', '옳으냐 그르냐' 하는 선택과 판단의 문제와는 다른 각도에서 사물을 보는 감각에 의존하고 있다. 우리는 종종 '이것이냐 저것이냐' 또는 '옳으냐 그르냐'의 논리가 항상 완전할 수는 없으며 일정한 한계가 있다는 사실을 망각하거나 무시하려는 경향이 있다. 이에 비해 노리나가로 대변되는 일본인의 사유 방식 속에는 '옳음'과 '그름'이라는 기준으로 모든 것을 재단하는 것에 대해 무언가 불충분하다고 느끼는 감각이 숨어 있는 듯 보인다. 그러니 무언가 제3의 판단 기준이 요청될 수밖에 없다. 노리나가의 경우 그것은 '신의 마음'이었고 '종의 원리' 또는 '모노노아하레'였다. 그것들은 대체로 미학적이고 신비주의적인 색채를 띠고 있다. 필자가 보기에 이 점을 이해하지 않는 한 일본인의 마음을 읽는다는 것은 언제나 피상적인 작업에 머물거나 난해한 수수께끼로 남을 수밖에 없을 것이다.

그렇다면 노리나가가 말하는 악이란 무엇인가? 그것은 일단 악신 마가쓰비가 날뛰는 것으로서, 흉사, 재앙, 죽음 등과 같은 일반적인 악이라고 규정될 수 있다. 노리나가는 "신도의 안심은 어디에 있는가? 그것은 사람이 죽으면 선인이든 악인이든 모두가 황천에 간다는 것, 선인이라 해서 좋은 곳에 태어나는 일은 없다는 사실에 있다"고 역설한다. 그는 선악의 차이성을 완전히 소멸시키는 죽음 안에서 마지막 안심을 보았던 것이다. 그러나 노리나가가 가장 주목한 악은 그가 '가라고코로(漢意)'라고 부른 외국풍 특히 중국풍의 침투였다. 외국(중국)풍에 의해 잠식당한 당시 정신세계에 격한 분노를 느낀 노리나가는 국학을 통해 이 '가라고코로'의 지배에서 벗어나고자 했던 것이다. 이런 가라고코로는 일종의 이데올로기적 악이라 볼 수 있다. 노리나가는 철저한 이데올로기 비판을 통해 모든 중국풍을 무조건 거부함으로써 결과적으로 타자의 부재를 초래하는 오류를 범하고 만다. 노리나가는 이처럼 악을 두 가지 차원에서 바라보았는데, 그 중 일반적인 악에 대해서는 수동적 자세를 그리고 이데올로기적 악에 대해서는 능동적 태도를 취하고 있다.

그런데 대체로 일반적인 악이든 이데올로기적 악이든 노리나가가 상정하는 악은 추상적인 악이라기보다는 구체적 실체로서의 악이라는 특징을 보여준다. 이 점에 주의할 필요가 있다. 즉 앞서 확인해보았듯이, 일반적인 일본 사상의 흐름이나 전통적인 신도사상에서는 실체로서의 악에 대한 관념이 희박하다고 말할 수 있다. 이것이 노리나가에 이르러 하나의 인식론적 전환을 이룬 것이다. 하지만 그렇다고 해서 이런 전환이 곧 윤리적 문제의 구성을 의미하는 것은 아니다. 노리나가의 사상은 여전히 '선악의 피안'이라는 틀에서 전개되고 있기 때문이다.

## 3. 일본적 역설의 회랑

인간의 마음 한가운데에는 알게 모르게 선악에 대한 관념이 숨쉬고 있다. 이때 선이 무엇이고 악이 무엇이냐 하는 물음은 두 가지 이유로 나를 당혹스럽게 한다. 선과 악의 객관적 기준이 모호함에도 불구하고 모든 삶의 현장에 독버섯처럼 피어나는 악과 고통의 현실을 부정하기 어렵다는 사실 때문이다. 어떤 것을 선이라고 말할 때, 그 반대쪽에는 악이 상정되어 있게 마련이다. 악을 상정하지 않은 채 선을 규정할 수 있을까? 만일 순수한 선이라는 것이 존재한다면 그것은 아마도 악의 존재를 필요로 하지 않는 선이 될 것이다. 하지만 현실 속의 선은 항상 악을 필요로 한다. 그래서 사람들은 어떤 선을 위해 때로는 존재하지도 않는 악을 억지로 만들어내기까지 한다. 나의 선함 또는 우리의 옳음을 위해 너의 악함과 그들의 잘못됨이 증명되어야만 한다고 여기는 것이다. 가령 톨스토이적 또는 기독교적인 선은 분명 적지 않은 감동을 준다. 그런데 그런 선조차 우리가 알지 못하는 사이에 '프로크루스테스의 침대'가 될 수도 있음은 서글픈 사실이다.[27] 움베르토 에코의 소설 《장미의 이름》은 신을 향한 강렬한 사랑이 어떻게 인간에 대한 광적인 증오로 변질될 수 있는지를 잘 묘사하고 있다. 밝은 빛일수록 더 짙은 그림자를 드리우듯이, 선에 대한 상상력과 욕구가 커지면 커질수록 그만큼 더 확장된 악의 세계를 필요로 하기 때문일까?

선과 악은 분명 우리의 삶 속에서 매우 경험적이고 현실적인 문제로 존재한다. 하지만 그것은 지극히 추상적인 언어의 옷을 입고 있기 때문에 여간해서는 우리 눈에 잘 보이지 않는다. 다시 말해 '선' 또는 '악'이라는 추상어는 직접적인 일차언어에 다 담길 수 없다. 그래서 프랑스의 철학자이자 역사학자인 폴 리쾨르Paul Ricœur는 《악의 상징》에서 이차언어인 상징을 문제 삼았던 것이다. 그렇다면 왜 이런 상징언어가 생겨난 것일까? 상징언어는 이름과 실재 사이의 보이지 않는 간극을 메우기 위한 인간의 정신적 산물일지도 모른다. 우리는 통상 이름과 실재가 일치한다고 생각한다. 하지만 양자는 결코 완전히 일치될 수 없다. 삶의 곳곳에 복병처럼 숨어 있는 무수한 간극들, 바로 그 알 수 없는 불일치를 설명하기 위해 상징언어들이 생겨난 것이다. 선이라든가 악이라는 말도 이데아, 신(神), 무의식, 도(道), 공(空), 무(無), 리(理) 등과 마찬가지로 그런 상징언어에 속한다. 그리고 상징언어는 무엇보다 다의성(多義性)이 주된 특성이다. 그렇기 때문에 애당초 선 또는 악이라는 상징언어는 어떤 대상과 직접 일 대 일로 대응되지 않는다. 그렇다면 선 또는 악의 실체는 말할 수 없다는 말인가?

여기서 우리는 딜레마에 빠지게 된다. 선악의 기준이 어느 정도 상대적일 수밖에 없으며, 선과 악을 하나의 상징언어로 보는 인식론적 비상구는 마련되어 있지만, 그것은 바깥 세상에서 실제로 일어나는 인간의 비참함 앞에서는 무기력해질 수밖에 없다. 아니다. 결코 무기력한 것만은 아닐 것이다. 그 인식론적 비상구는 적어도 나와 세상을 연결해주는 통로일 뿐만 아니라, 나를 사로잡고 고갈시키는 집요한 환상들에서 잠시나마 벗어나게 해주는 출구이기도 하다. 하지만 이렇게 바깥으로 나올 때마다 나는 어김없이 현기증을 느끼거나 "삶에는 악이 존재한다!"라고 신음처럼 찢겨져나오는 내 안의 소리를 듣는다. 선도 악도 모두가 힘의 정치학이나 욕망의 경제학에 의해 지배되는 잔인한 현실은 우리를 눈 멀고 둔하게 만들거나 아니면 너무 예민하게 만든다. 그럴 때 "해 아래 새로운 것이 없다"는 코헬렛(구약성서 〈전도서〉에 나오는 전도자)의 페시미즘적 금언은 차라리 한 조각의 위안이 된다. 그런데 페시미즘은 통상 악으로 하여금 선을 삼켜버리게 한다. 이와 반대로 옵티미즘은 선으로 하여금 악을 삼켜버리게 한다. 이런 페시미즘과 옵티미즘 사이에서 밑도 끝도 없이 흔들리고 있는 것이 바로 선악의 문제이다. 요컨대 선악의 문제는 하나의 역설을 구성한다. 하지만 선악의 문제가 역설이라고 말하는 것만으로는 아무것도 설명되지 않는다. 중요한 것은 어떤 역설을 구성하는가 하는 점을 밝히는 데에 있다. 여기서 다시 일본이라는 코드 속으로 들어가보자.

에도시대의 탁월한 유학자 이토 진사이(伊藤仁齋, 1627~1705)는 《동자문(童子問)》에서 "무릇 천지 사이에는 하나의 리(理)만 있을 따름이다. 동(動)이 있고 정(靜)은 없으며 선이 있고 악은 없다. 대저 정이란 동이 멈춘 것이며, 악이란 선이 변한 것이다. 또는 선이란 일종의 생명력이며 악은 일종의 죽음이다. 양자는 서로 대립적으로 나란히 생기는 것이 아니다. 이 둘은 생에서 하나를 이룬다"고 적고 있다. 또한 에도가 낳은 독특한 사상가 안도 쇼에키(安藤昌益, 1703~1762)는 주저 《자연진영도(自然眞營道)》에서 "선은 악에 대한 명칭이며, 악은 선에 대한 명칭이다. 그러므로 악 없이는 선도 없고, 선 없이는 악도 없다. 결국 선한 것과 악한 것, 선한 마음과 악한 마음은 하나"라고 말한다.

이런 상대주의적 관점은 일본 사상사에서 두드러지게 나타난다. 몇 가지 사례만 더 들어보자. 니시다 기타로(西田幾多郎, 1870~1945)는 유명한 《선의 연구》에서, "세상에는 절대적인 진·선·미도 없고 절대적인 위(僞)·추(醜)·악(惡)도 없다. 위·추·악이란 항상 전체를 알지 못한 채 추상적으로 사물의 일면만을 보는 데에서 나온 말이다. 거기서 우리는 일방적으로 치우침으로써 전체적인 통일성을 놓치게 된다"고 말하면서, 우주의 본체와 융합하여 신의 뜻에 합일하는 것이 곧 참 자기를 아는 것이며, 그것이야말로 참된 선이라고 주장한다. 이는 악의 실체를 인정하지 않은 채 선을 규정하는 입장이다. 이리하여 기타로는 기독교 교부신학자인 아우구스티누스St. Augustinus와 유사한 음성으로 "본래 세상에는 악이란 없다. 신에게서 나온 자연은 모두가 선이다. 악이란 다만 이런 본질의 결핍을 가리킬 뿐이다. 신은 아름다운 시처럼 대립적인 것들로 세계를 장식했다. 음영이 그림의 아름다움을 더하듯이, 달관한 눈으로 본다면 세계는 죄를 안은 그대로 아름답다"고 적고 있다.[28]

기타로의 제자인 니시타니 게이지(西谷啓治) 또한 "인간의 악한 행위도 신의 전능성 안에 있다"고 말하면서 신과 인간의 관계를 '절대부정이자 동시에 절대긍정'의 관계로 파악함으로써, 제4장에서 소개하고 있는 신란(親鸞)과 유사한 어조로 인간은 악한 그대로 구원받는다고 천명한다.[29] 또한 스즈키 다이세쓰(鈴木大拙, 1870~1966)는 《일본적 영성》에서 2차대전 중 일본군 병사들이 자신이 칼에 찔려 죽을 때도 나무아미타불 하고 외치고, 적군을 죽일 때도 나무아미타불, 소극적인 부정을 할 때나 적극적인 긍정을 할 때도 언제나 염불을 외웠다는 사례를 들면서, "모순이 해소되는 일 없이 그대로 남아 있다. 그러나 그렇게 남겨진 모순은 이전의 모순이 아니다. 그것은 상즉상입성(相卽相入性)을 띤 모순이다. 바로 이것이 나무아미타불이다"라고 말한다.[30] 여기서 그는 모순을 모순 그대로 받아들여 그것을 살아감으로써 윤리를 초월하는 '일본적 영성'의 특수성을 본 것이다.

이런 발상은 분명 하나의 역설이다. 그런데 원래 역설은 현실과의 격렬한 긴장을 수반하게 마련이다. 하지만 마루야마 마사오(丸山眞男)의 말처럼, 우키요(浮世) 관념[31]이 생활 속에 배어 있는 일본의 경우는 역설이 역설로서 작용하지 않고, 오히려 현실에 대한 순응으로서 기능하기 십상이다. 요컨대 일본의 정신적 무대 위에서는 역설이 현실과의 격렬한 긴장감을 수반하지 않는다는 것이다. 이처럼 모순을 용이하게 인정하고 포섭해버리는 상대적 태도는 제2장에서도 언급했듯이 한편으로 상호 원리적으로 모순되는 것까지도 무조건 포용하여 그것을 평화 공존시키는 일본적 관용 사상의 전통을 낳았다. 이때 새로운 것, 본래 이질적인 것들이 과거와의 충분한 대결 없이 계속해서 섭취되고, 나아가 과거가 과거로서 자각적으로 현재와 마주 대함이 없이 옆으로 밀려나거나 침강하여 망각되었다가 어느 날 갑자기 회상으로서 분출하게 되는 경우가 있다.[32] 그것은 엄청난 카오스의 에너지를 함축하는 회상으로서 모든 것을 순식간에 바꾸어놓는다. 제2장에서 언급한 신불 분리와 폐불훼석 사건은 그 전형적인 사례다. 또한 가마쿠라 막부의 성립 이래 메이지 유신에 이르기까지의 600여 년 동안 일본사에서 잊혀진 존재처럼 유명무실했던 천황이 어느 날 갑자기 역사의 무대 전면에 재등장한 '왕정복고' 사건에서도 우리는 그런 회상의 에너지를 감지하게 된다. 이와 같은 에너지의 발원지는 어디일까? 신도라는 숲도 그런 발원지 중의 하나임이 틀림없다.


## 4. 현대 일본 사회와 신도

신사는 원래 '모리'라고 불렸는데 이는 숲을 뜻한다. 우리가 불교사원 하면 산을 떠올리듯이, 일본인은 어릴 때부터 신사 하면 숲을 연상하면서 자라난다. 실제로 일본 어디를 가도 숲에 둘러싸인 신사를 만나게 된다. 그러나 앞에서 살펴보았듯이, 신도의 숲은 단지 신사의 숲만이 아니라 어떤 원초적이고 원시적인 정신적 향수로 가득 차 있다. 그렇다면 오늘날 일본인들에게 신도란 무엇일까? 1945년 패전과 더불어 미군정이 '국가신도, 신사신도에 대한 정부의 보증, 지원, 보전,

감독 및 홍보의 폐지에 관한 건'(일명 신도지령)을 일본 정부에 통고함으로써 국가 신도체제는 막을 내렸다. 이와 함께 1945년 '종교법인령'(1951년 '종교법인법'으로 개정)이 공포되어 신도는 종교로서 재출발하게 되고 전국 신사의 합의에 따라 신사본청(神社本廳)이라는 총괄적인 종교 법인이 조직되어 현재까지 이르렀다. 오늘날 이 신사 본청에 소속된 신사는 전국적으로 약 12만 개소 정도인데, 그 가운데 일본인들에게 가장 사랑받는 신사로는 이나리 신사와 하치만 신사를 꼽을 수 있다. 이 두 유형의 신사를 합하면 전체 일본 신사의 절반 가량을 차지한다고 하니 그 인기를 미루어 짐작할 수 있을 것이다.

그 중 먼저 이나리(稻荷) 신앙에 대해 생각해보자. 일본을 여행하다가 붉은 색의 도리이(鳥居, 신사 입구에 서 있는 'ㅠ'자 모양의 문)와 여우상이 있는 신사를 만나면 그것이 바로 이나리 신사라고 생각하면 된다. 원래 '이나리'라는 용어는 도성(稻成), 즉 벼의 성장을 나타내는 일본어였는데, 그것이 수확한 벼(稻)를 쌓아(荷) 가미에게 봉납한다는 의미로 쓰이게 된 것으로 보인다. 교토에 있는 후시미이나리(伏見稻荷) 대사가 전국 이나리 신사의 총본산인데, 이 신사는 711년 도래인 하타(秦)씨에 의해 창립되었다고 하며 이나리신은 이 하타씨의 우지가미(氏神)였다고 한다. 하타씨는 일본에 양잠 기술을 전파하는 데 큰 역할을 했으며 직조업으로 거상이 된 인물로 긴메이(欽明) 천황 때 장관으로 중용되기도 했다. 요컨대 이나리는 원래 농경신이었는데, 근세 이후에는 하타씨의 행적과 관련하여 특히 장사를 번창케 해주는 상업의 신, 나아가 어업의 신, 가정의 수호신 등으로 그 기대 역할이 확장됨으로써 현재 이나리 신사가 일본 전국에서 가장 많은 숫자를 차지하게 된 것이다. 현재 일본 기업 대부분이 회사 부지 안에 조그만 신사를 만들어 이나리 신을 모시고 있을 정도로 이나리 신앙을 빼고는 현대 일본의 신도를 말하기 어렵다.

이 이나리 신앙 못지않은 하치만 신앙 또한 오늘날 일본인들 사이에 널리 퍼져 있는 신도 신앙이라 할 수 있다. 일본 최초의 무사정권인 가마쿠라 막부에 의해 가마쿠라(鎌倉)의 쓰루오카하치만궁(鶴岡八幡宮)이 무사들의 수호신사가 된 이래, 하치만 신이 전국 각지의 신사에 모셔지게 되었다. 이 하치만 신의 유래는 정확히 알려져 있지 않은데, 일설에 의하면 제10대 오진(應神) 천황이 바로 하치만 신이었다고 하고, 또다른 설에 의하면 하치만 신은 한반도에서 도래한 씨족의 조상신이라고도 한다. 총본산은 규슈 지방의 우사하치만궁(宇佐八幡宮)인데, 제2장에서도 잠깐 언급되었듯이 하치만 신은 일찍이 불교와 습합하여 하치만 대보살이라는 칭호로도 불려왔다.

이와 같은 이나리 신사나 하치만 신사의 사례를 들지 않더라도, 신사가 일본인의 생활에 밀착되어 있다는 사실은 누구도 부정할 수 없을 것이다. 가령 정월 초에 행해지는 신도적 풍속을 보자. 많은 일본인들은 새해가 되면 그 해에 길하다고 여겨지는 방각의 신사나 사찰을 참배하는데, 이를 하쓰모우데(初詣)라고 한다. 원래 전통적인 일본인들은 섣달 그믐부터 각자의 우지가미 신사에서 지내면서 지난 한 해 동안의 부정을 씻어냈다고 한다. 하지만 오늘날에는 많이 간소화되어 제야의 종소리를 들으면서 가족 전체가 동네의 신사를 참배하는 형식으로 바뀌어가고 있다. 이렇게 제야의 종소리와 함께 시작되는 하쓰모우데는 현재 일본의 국민적 행사라고 말할 수 있을 정도로 성황 중이다. 그래서 이세 신궁이나 메이지 신궁(明治神宮)과 같은 저명한 신사에는 정월에 사흘 동안만 수백만 명이 참배하는 등 매년 일본 국민의 70% 이상이 하쓰모우데에 참여한다고 한다.

또한 일본인은 성인식과 결혼식을 신도식으로 거행하는 경우가 많으며, 인생의 중요한 매듭마다 신사를 참배한다. 가령 아이가 태어나면 일정 기간(통상 남아는 32일, 여아는 33일)이 지난 다음 아이 어머니와 할머니가 아기를 안고 신사를 참배하여 건강한 발육과 행복을 기원한다. 이를 오미야마이리(御宮參)라 한다. 또한 아이가 3세(남녀 공통), 5세(남아), 7세(여아)가 되는 해 11월 15일에도 신사를 참배하는데, 이런 관례를 시치고산(七五三) 축하연이라 한다. 뿐만 아니라 성인이 된 다음 남자 25세와 42세 때 그리고 여자 19세와 33세 때 액땜을 위해 신사를 참배하는 민간신앙도 아직 남아 있다. 나아가 많은 일본인의 가정에는 가미다나(神棚)가 설치되어 있다. 거기에는 통상 신사의 오후다(일종의 부적)가 봉안되어 있는데, 사람들은 아침 일찍 일어나 세면을 한 뒤 이 가미다나를 참배하면서 가미와 조상신에게 감사 인사를 올리고 하루의 안녕을 기원한다. 그 밖에 입학, 진학, 졸업, 취직, 환갑 등의 날에도 각 가정마다 가미다나 앞에서 감사와 축하의 기원을 올리는 경우가 많다. 이처럼 개개인의 사생활뿐만 아니라, 공사 안전과 건물 등의 무사 완공을 천신지기에게 기원하는 의식인 지진제(地鎭祭)도 신도식으로 거행되는 것이 관례이다. 요컨대 현대 일본 사회에서 신도는 특별한 종교라기보다는 하나의 생활관습이라 해도 좋을 만큼 일상적 삶과 밀접하게 연결되어 있다.[33)]

끝으로 야스쿠니 신사에 대해 언급하지 않을 수 없다. 도쿄 시내 중심부의 지요다(千代田) 구 구단(九段)에 있는 야스쿠니 신사에는 과거 군국주의 시대에 천황을 위해 전쟁터에서 죽은 250여 만 전사자들이 신으로 모셔져 있다. 이 야스쿠니 신사는 패전 후 미군정에 의해 다른 신사들과 마찬가지로 민간 종교 법인으로 전환되었으나, 일본의 우익집단 및 수상과 각료들에 의해 공식 참배 또는 국영화 문제가 끊임없이 제기되어 왔다. 이것이 바로 '야스쿠니 문제'라는 것이다. 이른바 '망언'이란 주로 이 야스쿠니 문제를 둘러싸고 나온 것이 많다. 그런데 이상한 것은 일본 국민들의 태도다. 일반적으로 일본인들은 대부분 '평화헌법'을 지지하며 전쟁을 반대한다고 알려져 있지만, 전범이 신으로 모셔져 있는 이 야스쿠니 신사에 대해서는 심정적으로 동의하는 편이다. 왜 그럴까? 그런 심정적 동조의 배후에 깔려 있는 것이 바로 원령신앙이라는 사실을 아는 한국인은 거의 없다. 원령신앙에 관해서는 결론 부분에서 다시 이야기할 것이므로 여기서는 간단한 설명에 그치기로 하겠다. 말하자면 전쟁터에서 비정상적으로 죽은 자는 원령이 되어 산 자를 괴롭힐지도 모르니까, 그 원령을 위무해주어야만 하고 그게 바로 야스쿠니 신사의 역할이라는 것이다. 이렇게 보면 야스쿠니 문제에는 단순히 정치적인 관점만으로는 해결되기 어려운 측면이 있음을 알 수 있다.[34]

제 4 장 ——————— 또 하나의
불교
계율의 강을 건넌
일본 불교

일본에서는 승려가 결혼을 하여 가정을 가진다 해도
전혀 이상하게 생각하지 않는다. 이처럼 계율을 파기한
일본 불교를 어떻게 이해해야 좋을까 하는 것이
이 장의 주요한 문제의식이다. 일본 불교의
역사를 조망하는 한편, 욕망의 문제라는 관점에서
이런 물음에 접근해보고자 한다.

# 1. 일본 불교의 출발점

일본 불교는 538년 백제 성명왕(聖明王)이 파견한 사자를 통해 석가불 금동상과 불경 및 불구를 받아들인 이래 반세기가 훨씬 지난 쇼토쿠 태자(聖德太子, 574~622) 시대에 이르러 기본 토대를 마련하게 된다. 스이코(推古) 천황의 섭정이 된 쇼토쿠 태자는 백제의 학승들에게 불교를 배웠으며, 불경 주석서 《삼경의소(三經義疏)》의 저자로 가탁될 정도로 불교에 정통한 인물이었다. 그가 선포한 17조 헌법은 제1조 "화(和)를 귀히 여긴다"는 구절로 시작되는데, 이때의 '화'는 불교에서 말하는 화합승(和合僧, 불교 교단의 평화로운 운영)에서 비롯된 것이다. 또한 제2조 "돈독하게 삼보[佛法僧]를 공경하라"는 구절에서도 알 수 있듯이 쇼토쿠 태자의 17조 헌법에는 불교사상에 입각하여 사회 질서를 확립하고자 하는 의지가 뚜렷하게 표명되어 있다. 이렇게 불교로 나라를 다스리고자 했던 쇼토쿠 태자는 호류지(法隆寺)와 시텐노오지(四天王寺) 등을 비롯한 수많은 사원을 건립했으며, 견수사(遣隋使)를 파견하여 중국으로부터 직접 불교를 받아들이는 등 불교의 일본 정착에 결정적인 초석을 놓았다.

한편 쇼토쿠 태자가 죽은 후 645년 다이카(大化) 개신까지의 20여 년 간 불교가 급성장하면서 불교 교단이 국가 조직에 편입되었다. 이때 발포된 '승니령'에 따라, 승려는 국가의 허락을 얻어야 출가할 수 있을 뿐만 아니라, 연간 출가자 수가 일정하게 제한되었으며, 승려가 마음대로 입산하여 수행한다든지 민중들을 교화한다든지 하는 것도 제한당했다. 이와 함께 국가는 승려들에게 국비를 지급하여 생활을 보장하는 한편, 호국의 불경인《금광명경》과《법화경》등을 독송하면서 국가의 안녕 및 오곡풍양과 제액을 기원하도록 의무화했다. 이리하여 나라시대의 불교는 호국불교로서 진호 국가의 중요한 역할을 수행하는 종교로 성장했다. 이와 같은 상황에서 쇼무(聖武) 천황 때에 고쿠분지(國分寺)를 건립하는 국가적 프로젝트가 진행된다. 나라(奈良)의 유명한 화엄도장인 도다이지(東大寺)는 이와 같은 고쿠분지의 총본산으로 세워진 것이었다. 국가를 위한 호국불교의 상징인 도다이지 및 여타 고쿠분지 창건의 목적은 명백히 정교일치에 의한 통일국가 실현이었다. 즉 종교적으로는 도다이지 비로자나 대불의 위광을 전국 고쿠분지에 미치게 함으로써 불교 정신을 각지에 침투시키고, 정치적으로 중앙권력이 지방에까지 효과적으로 미치게 하려는 것이 목적이었다.

그러나 나라시대의 호국불교는 어디까지나 천황과 귀족들을 위한 불교였으며, 아직 일본적인 특성은 나타나지 않고 있었다. 민중의 불교, 일본적인 불교가 등장하기까지는 아직 가마쿠라 신불교의 태두를 기다려야만 했다. 하지만 이에 앞서 헤이안시대의 사이초(最澄, 767~822)와 구카이(空海, 773~835)라는 두 걸출한 고승들에 의해 민중의 불교 또는 일본적인 불교를 위한 기반이 형성되었다. 사이초는 20세 때 도다이지에서 수계를 받고 승려가 된 뒤에 나라를 떠나 고향의 히에이잔(比叡山)에 올라가 암자를 짓고 17년 간 수행에만 전념했다. 이때 그는 〈원문(願文)〉이라는 글에서 "해탈의 맛을 혼자서만 맛볼 수는 없고 안락의 과실을 혼자서만 먹을 수는 없다. 중생들에게도 같은 묘미를 맛보게 해주어야 한다"고 하여 민중들에 대한 관심을 표명했다. 실제로 그는 호국불교적인 관변 사찰에 안주하지 않았다. 이와 같은 민중 지향적 태도야말로 사이초 불교의 출발점이라 할 수 있다. 그는 《법화경》에 입각한 일승(一乘)사상, 즉 모든 불교의 교리는 법화경의 가르침으로 귀일한다고 하는 입장을 체계화하는 한편, 당나라에 유학하여 천태대사 지의(智顗)에게 사사를 받은 후 귀국하여 일본 천태종을 창시했다.

사이초와 동시대에 활약했던 구카이는 당시 엘리트 코스로 보장되어 있던 대학을 중도에 자퇴한 후 승려가 되어 수행에 힘쓰다가 사이초 일행과 함께 견당사 배를 타고 입당, 당시 중국 진언종의 제1인자인 혜과(惠果)에게서 진언종의 정통을 전수받았다. 이후 방대한 밀교 경전과 법구 등을 가지고 귀국한 구카이는 고야산(高野山)을 근본도장으로 삼아 일본 진언종을 창시했다. 구카이의 밀교적 진언종은 화려한 가지기도(加持祈禱, 주문을 외우며 병이나 재앙을 물리치고자 하는 주술적 기도)를 통한 치병과 제액 등 현실 문제에 대한 주술적 해결에 진력함으로써 국가뿐만 아니라 일반 민중들에게도 쉽게 수용되었다. 그 밖에도 구카이는 관개용수 확보, 교육기관 설립, 문화예술 진흥 등 여러 방면에 걸쳐 현실 사회와 불교의 조화를 추구함으로써 진언밀교에 의한 호국불교의 이상을 실현하고자 했다. 그러나 구카이 불교의 일본적 특성은 무엇보다도 그의 '즉신성불(卽身成佛)' 사상에서 찾아볼 수 있다. 즉신성불이란 먼 미래가 아닌, 지금 살고 있는 이 세상에서 성불할 수 있다는 것을 뜻한다. 다시 말해 이 세상이 곧 그대로 붓다의 세계라는 것이다. 현실에 대한 전면적인 긍정을 내포하고 있는 이와 같은 관점은 향후 일본적 민중불교의 전개에서 매우 핵심적인 요소가 된다.


## 2. 일본적 민중불교의 성립—가마쿠라 신불교

이상에서 살펴보았듯이, 일본의 불교는 헤이안시대를 거치면서 꽤 많이 뿌리를 내렸고 사이초와 구카이라는 두 거봉에 의해 독자적인 교리가 체계화되었다. 그러나 엄밀한 의미에서 헤이안 불교는 여전히 호국불교의 틀 안에 있었다. 한마디로 헤이안 불교는 귀족불교였다. 그러다가 헤이안 후기에 들어서면서 점차 본격적인 민중의 불교가 등장하기 위한 분위기가 조성되기 시작한다. 즉 헤이안 후기에는 나라 시대에 확립된 율령제 국가제도가 붕괴되고 토지제도가 무너지기 시작했다. 그 결과 지방 무사들 가운데 토지 소유자가 생겨나고, 이들은 부를 축적하여 호족이 됨으로써 중앙 문화를 누리고자 했다. 이런 상황에서 히지리(聖), 쇼닌(上人) 또는 슈겐자(修驗者) 등으로 불리는 민간 종교가들에 의해 불교가 광범위하게 지방으로 퍼져나가게 된다. 이른바 가마쿠라 신불교라 불리는 일종의 종교개혁 운동이 생겨난 것은 바로 이와 같은 시대적 배경 아래에서였다. 다음에는 정토교계의 호넨, 신란, 잇펜 및 니치렌의 일련종, 에이사이의 임제종, 도겐의 조동종 등 대표적인 가마쿠라 신불교 제종파들에 관해 차례로 살펴보기로 하자.

### (1) 호넨의 정토신앙—정토종(淨土宗)

사이초가 지었다고 가탁된 《말법등명기(末法燈明記)》라는 저술에 보면, "지금은 말법시대이므로 수행자의 능력이 매우 저하되어 있다. 이런 악한 세상에는 제대로 된 기준이 없기 때문에 저급한 수행자를 경멸하는 것 자체도 쓸데없는 일이다. 설령 계율을 지키지 않는 승려가 있다 하더라도 그런 승려를 존중해서 수행자가 끊어지지 않도록 해야 한다"는 말이 나온다. 여기서도 알 수 있듯이, 이미 헤이안시대에는 말법사상이 퍼져 있었으며, 그런 말법 관념을 배경으로 정토신앙이 귀족들 사이에서 널리 행해지고 있었다. 그러나 이윽고 지옥과 극락정토의 정경을 적나라하게 묘사한 겐신(源信, 942~1017)의 《왕생요집(往生要集)》이 설해지면서부터 말법사상이 일반 민중들 사이에까지 널리 보급되었고, 그에 따라 정토신앙 또한 대중들 사이에서 인기를 끌게 되었다. 그런데 일반 민중들은 정토왕생을 위해 귀족들처럼 사원을 건립한다든지 불상을 조성할 만한 능력은 없었다. 그 대신 민중들은 불경을 베낀다든지 염불을 외움으로써 극락왕생을 얻고자 했다. 이리하여 마침내 가마쿠라시대에 들어서면서부터 민중들이 받아들이기 쉬운 정토신앙의 새로운 교리가 형성되기에 이른다. 그 첫번째 주자가 바로 호넨이다.

겐신은《왕생요집》에서 "왕생을 위해서는 우선 왕생을 추구하는 마음과 선한 행위를 쌓는 것이 중요하며, 아미타의 본원에 따라 염불하는 것은 그 다음이다"라고 적고 있다. 이는 극락왕생을 위해서는 먼저 자력적인 노력이 필요하며 염불은 다만 보조적인 역할을 하는 것이라고 보는 입장이다. 그러나 이에 반해 호넨(法然, 1133~1212)은 '타력본원(他力本願)'을 내세웠다. 즉 사람들이 왕생할 수 있는 것은 인간 스스로의 힘이 아니라 오직 아미타여래의 본원 때문이라는 것이다. 다시 말해 아미타여래의 타력적인 힘에 의해서만 왕생할 수 있다고 보는 입장이 바로 타력본원이다. 이때 호넨은 주저《선택본원염불집(選擇本願念佛集)》에서 소리내어 염불을 외우는 이른바 '칭명염불(稱名念佛)'이야말로 아미타여래의 본원(本願)이라고 주장한다. 여기서 아미타여래의 본원이란 무엇인가? 그것은 아미타여래가 수행시대에 모든 중생을 구제하겠노라고 했던 서원을 가리키는데, 그 중 특히 제18원에서 "내가 붓다가 된 후에, 만일 청정한 마음으로 붓다의 가르침을 믿고 염불을 10회 외우는데도 극락에 왕생하지 못하는 자가 단 한 명이라도 있다면, 나는 그 사람을 구제하기 위해 붓다가 되는 것을 그만두겠다"는 서원을 뜻한다. 이때 '나무아미타불'이라는 염불이 언급되고 있기 때문에 정토신앙은 흔히 염불신앙이라고도 불리었다. 호넨은 이런 염불을 정토신앙의 가장 핵심적인 요인으로 제시했는데, 이는 일본 정토교의 역사에서 매우 획기적인 사건이라 아니 할 수 없다. 나아가 호넨은 사원 건립 자체를 부정하면서 오로지 칭명염불에만 전념하면 된다고 주장했다. 이런 입장을 '전수염불(專修念佛)'이라 한다.

호넨의 이와 같은 전수염불은 대중들이 매우 알기 쉽고 행하기 쉬운 수행법이었으므로 삽시간에 전국으로 퍼지게 되었다. 그러나 이처럼 급속히 정토종이 발전하게 되자 기성 교단의 경계심이 커지고, 또한 굳이 선행을 쌓지 않더라도 왕생할 수 있다는 호넨의 가르침이 제자들 사이에서 잘못 받아들여져 공공연히 부도덕한 행위를 하거나 다른 종파를 비방하는 자들이 생겨남으로써 결과적으로 호넨의 정토종은 조정의 탄압을 받게 되었다. 그리하여 1207년 도사(土佐)에 유배당한 호넨은 4년 뒤에 교토로 돌아왔지만 다음해 80세로 생애를 마친다.

## (2) 신란(親鸞)의 정토신앙―정토진종(淨土眞宗)

호넨의 제자 중의 한 사람이었던 신란 또한 사도(佐渡)로 유배당했으며, 그 후 염불신앙에 대한 계속적인 박해 앞에서 환속을 결심하고 일생을 속인으로 지냈다. 오늘날까지도 일본 민중들 사이에서 가장 많이 신앙되고 있는 불교 종파인 정토진종의 창시자인 신란은 이런 자신의 입장을 '비승비속(非僧非俗)'이라고 불렀다. 그런데 일본 불교사에서 유래를 찾아보기 힘든 이와 같은 비승비속의 입장은 사실 스승 호넨이 직면한 딜레마에 대한 나름의 타개책이라는 측면도 내포하고 있었다. 즉 불교가 하나의 권위가 되는 것을 경계하면서 가람 건립 자체를 반대했던 호넨은 나아가 출가 승려가 보시에 의존해 생활한다는 불교의 기본 입장에 대해서도 부정적이었다. 이는 사실상 매우 비현실적인 이상이었다. 신란의 비승비속이라는 입장은 바로 이런 딜레마를 해결하기 위한 돌파구로 나온 것이었다.

신란은 스승 호넨의 뜻을 따라 성직자로서의 모든 권위를 부정했다. 이는 신란 스스로는 제자를 한 명도 두지 않았다는 점에서도 잘 나타난다. 이를 '동붕동행(同朋同行)'이라 한다. 이와 같은 동붕동행의 입장은 보시에 의해 성립되는 전문 출가자를 인정하지 않으며, 모든 성원이 다 재가자로서 신앙생활을 영위하는 재가불교적 관점을 따른 것이라 할 수 있다. 바로 이런 전통에서 묘코닌(妙好人)이라는 정토진종 특유의 탁월한 재가 신자들이 나올 수 있었다. 이 묘코닌들은 대개가 무명의 가난한 신자로서, 노동을 통해 순수한 신앙을 유지하면서 깨달음의 경지에 이르렀다.

한편 신란은 스승 호넨의 타력왕생을 더 철저하게 추구하여 이른바 절대타력을 설했다. 호넨이 설한 타력왕생을 위해서는 최소한 왕생을 희구하는 개인의 보리심(菩提心)이 있어야 하며, 또한 염불을 10회 창해야만 가능한 것으로 간주되었다. 그러니까 타력이라 해도 어디까지나 인간측의 적극적인 동참 행위가 왕생에 필요한 것으로 여겨진 것이다. 그러나 신란은 근본적으로 인간을 어리석은 존재로 파악했다. 인간에게는 원래부터 왕생을 추구하는 보리심이 없을 뿐만 아니라, 왕생을 위해 적극적으로 노력할 만한 능력도 없다는 것이 신란의 생각이었다. 이에 따라 신란은 자기 자신에 대한 깊은 반성과 인간의 죄에 대한 철저한 자각에서 출발하여 믿음이라는 것을 가장 중요시했다. 물론 이런 믿음조차도 인간이 자발적으로 품을 수 있는 것이 아니다. 믿음이라는 것조차도 다 아미타여래의 뜻에 의한 것이다. 그런데 이때 신란이 말하는 죄를 기독교에서 말하는 원죄와 혼동해서는 안 된다. 기독교 신학의 원죄 관념에는 어디까지나 인간이 신에게 잘못했다는, 그러니까 인간 스스로 책임져야 한다는 뉘앙스가 깔려 있다. 하지만 신란에게서 그런 뉘앙스를 찾아보기는 힘들다. 신란의 죄의식은 아미타 여래에 대한 죄의식이 아니다. 그것은 다만 어쩔 수 없는 범부로서의 인간에 대한 자의식으로 똘똘 뭉쳐 있을 따름이다. 신란의 죄의식은 다름아닌 요컨대 자기 자신에 대한, 인간에 대한, 바닥이 보이지 않는 절망감이다. 신란이 절대타력에 의한 구원을 강조하게 된 것도 바로 이런 절망감 때문이었을 것이다. 이와 관련하여 정토진종 신자들에게 가장 널리 읽혀지고 있는 《탄이초(歎異抄)》[35]는 다음과 같이 적고 있다.

"선한 사람도 왕생을 할 수 있는데 하물며 악한 사람이야 말할 나위 있겠는가. 이것이 진실인데도 사람들은 흔히 말하기를 '악한 사람도 왕생하는데 하물며 선한 사람이야 말할 나위 있겠는가'라고 말한다. 이 말은 일면 그럴듯해 보이지만 실은 본원타력(本願他力)의 뜻에 어긋난다. 왜냐하면 자력으로 선을 행하는 자는 전적으로 타력에 의지하려는 마음이 없으므로 아미타불의 본원에 부합하지 않기 때문이다. 하지만 자력의 마음을 바꾸어 타력에 의지하면 진실된 극락정토에 왕생할 수 있다. 번뇌구족(煩惱具足)의 인간, 즉 태어나면서부터 숙명적으로 번뇌에 사로잡혀 추악한 욕망의 노예가 되어 있는 우리들은 아무리 노력하고 수행을 한다 해도 무한히 유전하는 생사의 사슬에서 벗어날 수가 없고 이 번뇌의 세계로부터 한 발짝도 나갈 수가 없다. 아미타불은 이런 우리들을 불쌍히 여기시어 48가지 서원을 세우신 것이다. 즉 아미타불이 본원을 발하신 참된 뜻은 악인성불(惡人成佛)을 위한 것이다. 그러므로 타력을 의지하는 악인들이야말로 극락왕생을 이룰 수 있는 본래의 대상[正因]인 것이다. (신란 성인께서는) 이런 까닭에 '선한 사람도 왕생을 할 수 있는데 하물며 악한 사람이야 말할 나위 있겠는가'라고 말씀하신 것이다."[36]

악인이야말로 구원받는다는 이런 신란의 입장을 '악인정기설(惡人正機說)'이라 한다. 신란 사상의 핵심적인 메시지가 담겨 있는 이 악인정기설에서 선인 또는 악인이라고 말할 때에는, 그것은 도덕적 가치 판단이 전제되어 있는 오늘날의 어법과 반드시 일치하지는 않는다. 다시 말해 위의 맥락에서 선인은 자력(자신의 선)에 의한 왕생을 구하는 자, 수행과 보시와 계율의 실천이 가능한 삶의 환경 속에서 자기를 절제할 수 있는 자를 가리킨다. 이에 반해 악인은 타력의 신심에 의한 왕생을 추구하는 자, 어쩔 수 없이 계율을 범하며 번뇌와 죄악을 끊기 어려운 자, 직업적 이유 때문에 사회에서 소외된

비천한 피차별민을 가리킨다. 그러니까 '악인정기' 즉 악인이야말로 아미타불이 그의 서원을 통해 구제하고자 하는 대상이라는 신란의 특이한 발상은 도덕적 선악의 문제를 넘어서서 사회경제적 함의를 담고 있는 개념이라 할 수 있다. 이때 악은 인간 본래의 모습 곧 근본악으로 상정되어 있다. 다시 말하자면 인간은 근원적으로 꺼지지 않는 번뇌의 존재, 어찌할 수 없는 욕망의 존재, 생사윤회의 사슬에 사로잡혀 옴쭉달싹할 수 없는 존재, 아무리 노력해도 도덕적으로 선해질 수 없는 존재, 자기 안에 혐오스러운 지옥을 품고 사는 존재일 수밖에 없다는 것이다. 신란의 악인정기설에는 이와 같은 근본악에 대한 고뇌 어린 자각이 깊이 서려 있다.

그리하여 신란은 인간을 도덕적으로 무력한 존재, 어리석고 악한 범부로 파악하는 한편, 그런 인간을 악의 고리에서 구제할 수 있는 것은 오직 아미타불의 은총(타력)뿐이라고 이해했다. 이처럼 지독한 페시미즘과 마조히즘 냄새를 물씬 풍기는 신란에게서 우리는 인간의 근원적 고독과 한계를 느낄 수 있다. 과연 인간은 모두가 하나의 절망적인 '섬'이다. 그 섬에서 우리는 또다시 뚜렷한 악의 역설을 만나게 된다.

"신란 성인께서는 이렇게 말씀하셨다. '나는 선이 무엇인지도 악이 무엇인지도 모른다. 우리는 아미타불이 선에 관해 아는 것만큼이나 철저하게 알아야 선이 무엇인지를 안다고 말할 수 있을 것이다. 마찬가지로 아미타불이 악에 관해 아는 것만큼이나 철저하게 알아야 비로소 악을 안다고 말할 수 있을 것이다. 하지만 우리는 아미타불처럼 선과 악을 알지 못한다."[37]

악의 역설, 그것은 우리가 악에 대해 가장 중요한 것은 하나도 알지 못한다는, 아니 알 수 없다는 사실을 자각하는 데서 나온다. 거기서 우리가 선택할 수 있는 폭은 매우 제한될 수밖에 없다. 예컨대 악인정기설을 문자 그대로 받아들여 일부러 악을 행하는 선택지도 가정해볼 수 있을 것이다. 하지만 신란은 그런 선택지에 대해 우려를 금치 못했다.

"예전에 잘못된 생각에 빠진 염불자가 있었다. 그는 '악을 행한 자가 구제받는다' 하여 일부러 악행을 저질렀다. 그러면서 그는 자신의 악행이 극락정토에 왕생하기 위한 것이라고 떠벌이고 다녔다. 이런 풍문을 들으신 신란 성인께서는 편지글을 통해 '약이 있다 하여 독을 즐겨 마셔서야 되겠는가'라고 경계하셨다. 하지만 이는 잘못된 생각을 막기 위함이지, 결코 악행이 정토에 왕생하는 데 방해가 된다는 뜻은 아니다."[38]

그렇다면 또 어떤 선택지가 있을 수 있을까? 신란의 표현을 빌리자면 그것은 선이든 악이든 모든 것을 아미타불의 서원에 완전히 내맡기는 것이다.

"아미타불의 서원은 악행의 응보로서의 깊고 무거운 죄장과 번뇌의 불꽃으로 격렬하게 타오르는 우리들 중생을 구제하기 위한 것이다. 그런 아미타불의 서원을 믿는다면, 다른 선은 일체 필요

없다. 염불을 외우는 것에 필적할 만한 선은 다시 없기 때문이다. 그때 자신이 행한 악의 응보를 걱정하지 않아도 그만이다. 아미타불의 서원을 방해할 만한 악은 존재하지 않기 때문이다."[39]

이리하여 신란에게 있어 악의 역설은 바야흐로 마지막 정점을 향해 치닫는다. 그런데 그 정점에서 우리는 예상치 못한 살육의 메타포를 만나게 된다.

"신란 성인께서는 언젠가 내게 '유원은 나의 말을 믿는가?'라고 물으셨다. 내가 '믿습니다'라고 대답하자, '그럼 나의 말에 거역하지 않겠는가?'라고 거듭 물으셨다. '예'라고 내가 대답하자, 성인께서는 '한마디로 말하지. 사람을 천 명 죽이면 돼. 그럼 반드시 정토에 왕생할 거야'라고 하셨다. 나는 그때 '말씀은 잘 알겠습니다만, 저로서는 단 한 사람도 죽일 수 없을 것 같습니다'라고 대답했다. 그러자 성인께서는 '그렇다면 그대는 어찌하여 내 말에 거역하지 않겠다고 말했는가?'라며 이렇게 말씀하셨다. '내가 말하려는 것이 무엇인지 잘 알겠지. 그대가 어떤 일이든 생각한 대로 이룰 수 있다고 하자. 그러면 정토에 태어나기 위해 천 명을 죽이라는 내 말을 듣자마자 곧바로 천 명을 죽일 수도 있을 것이다. 그러나 그대는 단 한 사람이라도 죽일 만한 전생의 인연이 없기 때문에 죽일 수 없는 것이다. 그대의 마음이 선하기 때문에 살인을 하지 않는 것이 아니다. 또한 살인할 생각이 없는데도 백 명, 천 명의 사람을 살육하는 일도 있는 것이다.' 사람들은 흔히 자신의 마음이 선하면 정토에 태어나고 악하면 정토에 태어나지 못한다고

생각한다. 하지만 그것은 불가사의한 서원의 신비에 의해 아미타
불이 악인을 구제해준다는 사실을 몰라서 하는 소리다."[40]

이 살육의 메타포는 오랫동안 일본의 식자들 사이에서 극단
적이고 비현실적인 비유로 이해되어왔다. 그것이 옴진리교 사
건과 같은 의사(擬似) 현실로 나타나리라고는 누구도 상상하
지 못했다. 물론 옴진리교 신자들의 경우, 신란과는 달리 깊
은 죄의식 없이 구제의 환상에 몰입하여 살육을 감행했다는
결정적인 차이가 간과되어서는 안 될 것이다. 옴진리교 사건
에 대해서는 제6장에서 다시 상세하게 다룰 것이다.

 (3) 잇펜의 정토신앙— 시종(時宗)
 잇펜(一遍, 1239~1289)은 지방 호족의 자제로 태어나서
어릴 때 출가했다. 그러나 성인이 된 후 부친이 사망하자 가
독을 잇기 위해 환속하여 결혼도 하고 자녀도 두었다. 그런데
얼마 후 일족 사이에서 가독권과 재산상속을 둘러싼 분쟁이
생기자 이에 염증을 느끼고 가족을 떠나 다시 출가했다. 잇펜
은 독특한 포교방식으로 특히 유명하다. 즉 그는 '나무아미타
불'이라고 씌어진 얇은 책 모양의 부적을 사람들에게 나누어
주면서 왕생을 약속했다. 이때 그는 아미타불을 믿든 안 믿
든, 깨끗하든 부정하든, 염불을 외우든 안 외우든 상관없이
누구에게나 부적을 나누어주었다. 이는 모든 사람이 왕생할
수 있으며, 그것은 십겁(十劫)의 머나먼 옛적부터 아미타불의
본원에 의해 이미 결정되어 있다는 깨달음에서 비롯된 포교

방식이었다. 이와 같은 포교를 통해 신자 집단이 성립되었는데, 이 시종의 본령은 방방곡곡을 방랑하는 편력에 있었다. 어느 날 잇펜은 신자들과 함께 염불을 외우던 중 부지불식간에 춤을 추게 되었다. 이것이 시종의 트레이드 마크라 할 수 있는 '춤추는 염불'(踊り念佛, 오도리넨부쓰)의 시작이다. 이처럼 독특한 포교 방식을 실천했던 잇펜의 타력본원 신앙은 신란보다도 더 철저한 것이었다. 예컨대 신란은 믿음에 입각한 타력본원의 왕생을 설했으나, 잇펜은 믿음에 상관없이 다만 아미타의 본원에 의해 누구라도 왕생할 수 있다고 가르쳤다. 이리하여 잇펜의 시종은 불교 아카데미즘과는 전혀 무관한 민중의 불교로서 당시 빈곤과 자연재해 및 내전의 공포에 시달리던 사람들 속으로 깊이 파고들었다.

(4) 니치렌(日蓮)의 법화경 절대주의 — 일련종(日蓮宗)

신란이나 잇펜도 개성적인 종교가였지만, 어떤 의미에서는 니치렌만큼 일본적인 개성을 구현한 인물은 찾아보기 힘들 것이다. 시골 어촌에서 태어난 니치렌은 16세 때 출가하여 천태종 및 정토종 교의를 익혔다. 그러나 현세를 전면적으로 긍정했던 그는 현세에서 도피하여 피안적 구제를 추구하는 정토사상을 납득할 수 없었으며, 가마쿠라로 유학하여 10여 년 간 불교경전을 섭렵한 끝에 《법화경》에 대한 절대적 신앙을 확신하기에 이른다. 이 후 1260년에는 유명한 《입정안국론(立正安國論)》을 써서 가마쿠라 막부에 헌상했다. 이 상소문에서 니치렌은 당시에 기근, 대지진, 역병 등의 천재지변이 잇달아 일어난 까닭은 막부를 비롯하여 사람들이 법화경을 믿지 않기 때문이라고 주장했다. 그리하여 그는 막부에 대해 염불을 금지하고 법화경을 믿을 것을 종용했으며, 만일 그렇게 하지 않으면 머지않아 타국의 침략을 받아 일본이 멸망하게 될 것임을 예언했다. 그러나 막부는 이와 같은 과격한 주장을 받아들이는 대신, 니치렌을 체포하여 두 차례나 유배를 보냈다. 니치렌은 일생에 걸쳐 막부와 염불 신앙자들에 의해 수많은 박해를 받고 죽을 고비를 많이 넘겼지만, 법화경 절대주의에 대한 자신의 신념을 굽히지 않았다. 그는 여래가 법화경을 세상에 홍포하기 위해 자신을 파견했다고 믿었으며, 포교시 불신자를 철저히 몰아붙여 법화경의 진리에 눈을 뜨게 만들어야 한다는 강제적이고 공격적인 방법을 제시했다. 이러한 포교 방식을 '샤쿠부쿠(折伏)'라 한다. 니치렌에 의해 성립된 일련 종의 가장 큰 특징은, 불교의 구제가 개인에 머물지 않고 사회와 국가에까지 미쳐야 한다고 설한 점에서 찾아볼 수 있다. 바꿔 말하자면 그는 법화경 절대주의에 의해 이상국가를 실현하고자 했던 것이다. 하지만 니치렌은 종래의 호국불교와는 달리 국가 시스템으로 안이하게 편입되는 것을 거부했다는 점에서 독자성을 보여준다. 이와 같은 니치렌의 독특한 국가주의는 일본 근대기에 민족주의적인 니치렌주의(日蓮主義)로 나타났고, 오늘날 일본 사회에서 가장 큰 세력을 자랑하는 창가학회(創價學會)나 입정교성회(立正 成會) 등과 같은 신종교에 의해 끊임없이 재생산되어왔다.

(5) 선종의 개화— 에이사이의 임제종(臨濟宗)과 도겐의 조동종(曹洞宗)

선종은 가마쿠라시대 이전부터 들어와 있었지만, 그것이 독립된 종파로 성립된 것은 송나라 유학을 통해 임제선(臨濟禪)을 깨우쳐 귀국한 뒤 교토에 겐닌지(建仁寺)를 세운 에이사이(榮西, 1141~1215)에 의해서였다. 이후 일본의 선불교는 이 겐닌지 및 가마쿠라의 겐초지(建長寺)와 엔가쿠지(圓覺寺) 등을 중심으로 널리 퍼지게 되었다. 특히 가마쿠라시대의 무사들은 전투에 필요한 정신력을 배양하기 위해 선수행에 높은 관심을 보임으로써 선불교는 일본의 무사도 형성에 중요한 일익을 담당했으며, 이 밖에 다도, 회화, 문학 등 일본의 문예사조에도 적지 않은 영향을 미쳤다.

한편 에이사이의 제자 묘젠(明全)에게 사사받은 도겐(道元, 1200~1253)은 20대에 송나라에 유학하여 깨달음을 얻은 후, 심신탈락(心身脫落, 몸도 마음도 없어져 깃털처럼 가벼워진 상태)이야말로 참선 수행의 목적이며, 이를 위해서는 지관타자(只管打座, 전적인 좌선)를 해야만 한다고 주장했다. 이리하여 그가 창시한 일본 조동종의 전통에서는 공안을 중시하는 한국의 선불교와는 달리 좌선과 수행을 중시하게 되었다. 도겐의 주저인 《정법안장(正法眼藏)》은 오늘날 일본인이 쓴 최고의 철학서라는 평가를 받고 있다. 이 《정법안장》에 '제법실상(諸法實相)'이라는 장(章)이 있다. 여기서 '제법실상'이라는 용어는 원래 중국의 불교학자 구마라집(鳩摩羅什)이 산스크리트어 '다르마타dharmatā'를 번역한 말인데, 이는 우리가 경험하

는 여러 현상들의 참된 모습을 뜻한다. 여기서 '제법(현상)'
과 '실상(실재)'은 상호 모순 대립되는 개념인데, 일본 천태
학에서는 이를 '제법은 실상이다'라는 식으로 해석했다. 말하
자면 모든 현상이 있는 그대로 참된 실재라는 것이다. 그런데
도겐은 이런 해석을 한번 더 뒤집어서 '실상은 제법이다'라고
풀었다. "실상은 제법이다. 제법은 상(相)이고 성(性)이며,
신(身)이고 심(心)이자 세계이다. 오고 가는 것, 앉고 서는
것, 슬퍼하거나 기뻐하는 것, 움직이거나 멈추는 것, 이 모든
것이 제법이다."(《정법안장》, '제법실상' 편) 그러니까 온갖 욕
망과 희로애락의 정념으로 번들거리는 이 세상이 그 자체로
실상(실재)이라는 것이다. 세계와 인간의 삶은 실로 무상하
기 짝이 없다. 누구든 세상을 떠나기 전 자신이 걸어온 삶의
여정을 뒤돌아볼 때 한두 번쯤은 거기서 물거품 같은 무상감
을 느낄 것이다. 하지만 도겐에게는 그런 현상 세계의 무상한
모습 그대로가 절대적인 의의를 가진다. 그래서 도겐은 "무상
이란 불성이다.……초목산천의 무상함이 곧 그대로 불성이
다. 사람과 사물과 몸과 마음의 무상함이 그 자체로 불성이
다"(《정법안장, 佛性편》)라고 적고 있다.


## 3. 욕망의 긍정

이와 같은 현실 긍정의 태도는 중세 일본 불교의 곳곳에서
찾아볼 수 있다. 예컨대 니치렌은 《법화경》이 초목과 국토 등

존재하는 모든 것이 성불한다는 뜻의 '초목성불(草木成佛)'을 설하고 있다는 점에 주목하면서, 거기서 《법화경》의 절대적인 우월성을 보았다. 이런 니치렌의 태도 또한 일본 천태종의 '제법실상' 관념에서 나온 것이었다. 한편 오늘날 일본인의 일상어법에는 오미즈(お水), 오차(お茶), 오벤토(お弁当), 오사케(お酒) 등과 같이 사물에다 경칭의 접두어인 '오(お)'를 붙이는 독특한 관습이 있다. 여기에도 '존재하는 모든 것이 붓다'라는 불교적 관념이 깔려 있다고 한다. 또한 제3장에서 '모노노아하레'에 대해 언급했었는데, 사물의 마음을 느끼고 읽어내는 감수성이라 할 수 있는 이 모노노아하레의 정조에는 외계의 사물과 자연에 대한 예민하고 섬세한 감각이 배어 있다. 과연 일본인은 감각적인 자연세계의 미를 존중하고 거기서 절대적 세계의 현현을 보고 싶어하는 듯하다. 뿐만 아니라 죽은 사람을 '호토케'라고 부르는 일본인들의 일상어법에서도 우리는 생명이 있든 없든 존재하거나 존재했던 모든 것 속에서 붓다를 읽어내려는 태도를 엿볼 수 있다.

요컨대 일본인에게는 주어진 환경세계와 현실 및 모든 객관적 조건을 그대로 긍정하는 경향이 있다. 사실 이런 경향은 인간이라면 누구에게나 조금씩은 찾아볼 수 있는 것이지만, 일본의 경우는 그런 현상세계 속에서 어떤 절대적인 것을 용인하려는 태도가 엿보인다는 점에서 매우 특징적이다. 방금 언급한 제법실상론이라든가 초목성불론 같은 입장은 바로 현상세계 그대로를 절대자로 간주하는 태도라고 여겨진다. 이런 태도는 곧바로 일본 불교의 강렬한 현세주의와 연결된다. 일

본의 많은 불교 연구자들은 형이상학적인 인도 불교가 현세
중심적인 중국인들에 의해 일차적 변용을 겪은 다음 일본에
들어와 더욱 현세적인 성격을 띠게 되었다고 설명한다. 일본
불교가 강조하는 '즉신성불(卽身成佛)' 관념은 그런 현세적 성
격을 대변하는 가장 대표적인 사례라 할 수 있다. 즉신성불이
란 욕망에 시달리는 평범한 범부라 할지라도 바로 이 현세에
서 깨달음을 얻어 붓다가 될 수 있음을 뜻한다. 일본에서 최
초로 이 즉신성불이라는 관념을 표현한 인물은 사이초였다.
사이초는 번뇌가 곧 깨달음(煩惱卽菩提)이고 생사가 곧 열반
(生死卽涅槃)이라고 주장하면서, 만일 몸이 성불하지 못한다
면 마음도 그럴 것이고, 마음이 이미 성불했다면 몸도 또한
그에 따라 성불할 것이라고 생각했다. 마찬가지로 도겐 또한
깨달음은 마음이 아니라 몸으로 깨닫는 것이므로 무엇보다 좌
선에 전념해야만 한다고 여겼다.[41]

이처럼 주어진 현실을 있는 그대로 받아들이고 내세보다는
현세에 절대적인 가치를 부여하려는 일본 불교의 태도가 인간
의 욕망을 긍정하는 태도로 이어지는 것은 조금도 이상할 것
이 없다. 불교는 원래 욕망을 부정하는, 욕망을 초월하고자
하는 종교이다. 불교에 잘 발달되어 있는 계율들은 바로 인간
의 카오스적인 욕망을 이념적으로 통어하기 위한 기법이라 할
수 있다. 그런데 일본 불교는 일찍이 육식이라든가 음주 및
여색과 관련된 계율들을 파기했다. 특히 정토교 전통에서 이
런 경향이 가장 전형적으로 나타나며, 메이지 유신 이후에는
거의 대부분의 불교 종파가 계율에 구애받지 않는 입장을 취

하게 되었다. 욕망에 지극히 관용적인 이런 일본 불교를 어떻게 이해해야 좋을까? 계율을 무시하는 일본 불교는 불교가 아니라고 간단히 매도해버리면 되는 걸까?

욕망이란 무얼까? 분명 나는 끊임없이 욕망하는 나이다. 나는 무엇인가를 욕망한다. 나는 어떤 외적 대상—돈, 명예, 지식, 행복, 사랑 등등—을 욕망하지만, 그것은 알고 보면 타자의 욕망에 대한 모방인 경우가 많다. 말하자면 나는 (타자의) 욕망을 욕망하는 셈이다. 그런데 이런 저런 욕망이 없다면 내가 살아 있다고 말할 수 있을까? 불교는 왜 욕망이 모든 고통의 원인이며 따라서 욕망을 끊어야 깨달음에 이른다(苦集滅道)고 설했을까? 유교는 왜 예로써 인간의 욕망을 제어해야 한다(克己復禮)고 말한 것일까? 또한 기독교는 왜 그토록 집요하게 인간의 지상적 욕망을 억압하고 그 대가로 천상적 보상을 강조했던 것일까? 우리는 그 이유를 알고 있다. 욕망이란 분명 나로 하여금 삶과 생명의 깊이로 들어가도록 해주는 한편 나를 소모시키고 고갈시키며 마침내 죽음으로 몰고가기도 하기 때문이다. 욕망은 필연적으로 욕망의 과잉을 낳는다. 이런 욕망의 과잉을 피하기 위해 종교는 공통적으로 중도와 중용을 내세운다.

그런데 일본 불교는 욕망을 부정하지 않는다. 그렇다고 해서 일본인들이 욕망의 과잉으로 인해 스스로 파괴되는 일도 없다. 오히려 일본 불교인들은 계율을 잘 지키지 않는 대신 조직 내의 인간관계에는 매우 헌신적이며 공동체의 도덕질서에도 대단히 순응적이다. 그러니까 일본 불교가 욕망에 대해 긍정적이라고 해서 그것을 비도덕적이라고 단정지을 수는 없다는 말이다. 혹 일본인들은 욕망을 유희하고 싶어하는 것일까? 욕망이 꿈틀대는 것을 바라보며, 욕망이 흘러가는 것을 지켜보며, 욕망의 게임을 즐기려는 것일까?


## 4. 현대 일본 사회와 불교

계율의 강을 건너버린 일본 불교는 어디로 갈 것인가? 일본 불교가 건너온 그 강은 나로 하여금 헤르만 헤세Hermann Hesse의 《싯다르타》에 대한 기억을 상기시킨다. 헤세는 강렬한 터치의 문학적 상상력으로 역사적 붓다의 분신인 싯다르타(출가 전 붓다의 이름)를 창조해냈다. 브라만 사제의 아들로 태어나 어릴 때부터 구도적 사색과 고행에 빠져 있던 싯다르타에게 이 세상은 선인지 악인지, 삶은 고통인지 즐거움인지를 규명해내는 일은 그다지 중요한 문제가 아니었다. 그에게는 오직 단 하나의 목적이 있을 뿐이었다. 그것은 무(無)의 상태가 되는 것, 즉 모든 갈증과 욕망과 꿈과 기쁨과 슬픔에서 해탈하는 것이었다. 그것은 곧 자기 자신을 죽이는 것이었다.

그러나 싯다르타는 정작 자기 자신에 대해 아는 바가 아무것도 없었다. '내가 나라고 하는 이 수수께끼' 처럼 세상에서 그의 정신을 빼앗아간 것은 아무것도 없었다. 이리하여 싯다르타는 강을 건너 카말라의 세계로 걸어 들어간다. '내가 누구인지' 알기 위해서. 고급 창녀 카말라는 싯다르타에게 몸의 사랑이 어떤 것인지, 세속적인 욕망을 어떻게 성취해야 하는 지를 가르쳐준다. 하지만 싯다르타는 니코스 카잔차키스의 《그리스도 최후의 유혹》에 나오는 예수가 그러했듯이, 그런 지상적 삶이 전부가 아니며 자기 자신의 길은 다른 곳에 있다는 자기 확인의 끝자락에서 다시 자기가 건너왔던 강으로 가 뱃사공이 된다. 그리하여 싯다르타는 강물에게서 시간이란 존재하지 않는다는 사실을 배우게 된다. 강물은 어디에나 동시에 존재한다. 강물에는 오로지 현재만이 있을 뿐 과거의 그림자나 미래는 없다.

이처럼 시간이 실재하는 것이 아니라면, 세계와 영원, 번뇌와 해탈, 선과 악 사이에 있는 듯이 보이는 차별성이란 실은 착각에 불과한 것이 아닐까? 우리는 흔히 죄인이 붓다가 되어가는 도중에 있는 거라고 생각하기 쉽지만, 실은 죄인 속에 붓다가 있는 것이다. 현재 속에 미래의 붓다가 존재하는 것이다. 세상은 불완전한 데에서 완전한 것에 이르기 위해 서서히 나아가고 있는 것이 아니다. 세계는 순간마다 완전한 것이며 모든 죄는 이미 그 죄 가운데에 속죄의 씨를 품고 있다.

마침내 싯다르타에게는 존재하는 모든 것이 선으로 보이게 되었다. 이런 깨달음에 이른 싯다르타가 강물에 비친 자신의 모습을 내려다보았을 때, 그의 얼굴은 온데간데없고 그 대신 다른 수많은 사람들의 얼굴이 나타났다. 많은 사람들의 긴 행렬, 물결처럼 흐르는 수천의 얼굴들이 나타났다가는 사라졌다. 그 많은 얼굴들은 분명히 끊임없이 변화되어 새롭게 바뀌었지만, 그 모두가 싯다르타의 얼굴이었다. 그는 잉어의 얼굴을 보았는데, 잉어는 무한한 고통으로 인해 입을 쫙 벌리고 있었고 눈은 희미하게 꺼져가고 있었다. 또한 붉고 주름살투성이인 얼굴을, 찡그리고 보채는 갓난아기의 얼굴도 보았다. 단도로 사람의 배를 찌르는 살인자의 얼굴과, 그 살인자가 결박당해 무릎을 꿇고 형리의 칼 아래 목이 달아나는 장면도 보였다. 갖가지 형태로 서로 얽혀 있는 발가벗은 남녀의 몸뚱이도 보였고, 사지를 죽 뻗은 채 공허하게 죽어 있는 차디찬 시체도 보았다. 짐승의 머리, 멧돼지, 악어, 코끼리, 황소, 독수리들의 머리가 보였고 신들의 모습도 있었다. 그는 이 모든 얼굴과 형상들이 서로 수천의 관계로 얽혀 서로 돕고 사랑하고 미워하고 파괴시키며 새로 탄생시키는 것을 보았다. 그 하나하나가 죽음의 의지였고 격렬하고 허망한 무상에 대한 고백이었으나, 그 어느 것도 죽지 않고 다만 형체만이 바뀌어갈 뿐이었다. 거기에 시간이란 존재하지 않았고 모든 것이 동시에 이루어졌다. 이 모든 형상과 얼굴들은 잠시 쉬기도 하고 다시 흐르기도 하면서 생성하고 떠돌아다니며 서로 얽히어 강물처럼 흘러갔다. 그리고 그 모든 것 위에 싯다르타의 미소가 떠 있었다.

계율의 강을 건넌 일본 불교가 이런 싯다르타의 미소를 발견했는지 아닌지는 좀더 두고 볼 일이다. 어쩌면 욕망을 긍정한 일본 불교는 아직은 카말라의 집에 머물러 있는 건지도 모른다. 그래서인가. 메이지 유신 직후 승려의 결혼이 법적으로 허용된 이래, 오늘날 계율을 파기한 일본 특유의 불교가 과연 참된 불교일 수 있을까라는 문제가 여전히 논란의 대상이 되고 있다.

　이런 상황에서 일본의 현대 불교는 사람들의 내면적인 신앙 생활 차원에 충분히 부응하지 못하고 있는 실정이다. 패전 후의 피폐했던 불교계는 60년대부터 기적적인 경제성장과 더불어 재생되었다. 그러나 농촌 사원과 도시 사원 간의 격차가 심화되고 일본 사회의 민주화가 진행됨에 따라 전통적인 이에(家)제도가 붕괴되어 개인주의적인 성향이 확대되면서 불교 사원의 토대가 되었던 단카(檀家)제도도 점차 그 기능이 약화되어가는 추세다. 단카제도에 관해서는 기독교 박해를 다루는 다음 장에서 자세히 서술하겠지만, 사실 에도시대를 걸쳐 완성된 단카제도의 폐해는 오늘날까지도 쉽사리 교정되지 못하고 있는 듯하다. 여기서 단카제도의 폐해란 한마디로 불교가 가지는 종교적 활력의 상실을 가리킨다. 그리하여 많은 현대 일본인들은 여전히 특정한 절〔보다이지(菩提寺)〕에 소속되어 있기는 하지만 장례와 법요만 불교사원에 위탁할 뿐, 종교적 신앙은 신종교 등에 의지하는 경우가 많다.

　그러나 불교는 일반인들의 일상생활과 연중 풍속에서 여전히 가장 강력한 문화 전통으로서 살아 있다. 가령 매년 7월 13일(지역에 따라서는 8월 13일이나 음력 7월 13일)의 오봉(お盆)날에는 우리의 추석이 그렇듯이 국민적 대이동이 있다. 오봉은 원래 우란분(盂蘭盆, 죽은 자의 영혼을 뜻함)이라는 불교의 명절로, 이 날은 타계(주로 산)에 있던 조상의 영혼이 후손들을 찾아오는 날로 여겨지고 있다. 그래서 사람들은 이 날 집에서 조상에게 제사를 지내거나 조상의 묘를 찾아가 참배한다. 또한

일본에서는 사람이 죽으면 대부분 화장을 하고 보다이지의 경내에 있는 묘지에 안장시키며 많은 이들이 집안의 부쓰단(佛壇)에 조상의 위패를 모신다. 이처럼 일본인의 삶의 중요한 일부를 점유하고 있는 일본 불교를 대함에 있어 계율의 강을 건넌 일본 불교와 교차시키면서 그것을 '또 하나의 불교'로 인정하는 일은 여전히 우리 자신의 몫으로 남아 있다.

# 제 5 장

일본에
기독교가
뿌리내리지 못한
이유

우리보다 수백 년이나 앞서 기독교를 받아들였고
우리보다 더 많은 순교자를 낳았으며, 기독교 전래 초기에는
놀랄 만한 성공을 거두었음에도 불구하고 현재
일본 기독교는 일본 사회에서 별 영향력이 없다.
이 장에서는 이처럼 일본에 기독교가 뿌리내리지 못한
원인이 무엇인가를 묻고 있다.

## 1. 기독교의 일본 전래와 박해

일본에 처음 기독교(가톨릭)가 전래된 것은 1549년의 일이다. 조선에 기독교가 전래된 시점을 연경에서 포르투갈 선교사에게 세례를 받은 이승훈이 1784년에 기독교 관계 서적을 가지고 들어온 뒤, 자생적인 신자 집단이 형성되어 마침내 다음해인 1785년에 서울에서 최초의 조선교회가 창립된 시기로 잡을 수 있다면, 일본의 기독교 전래는 우리에 비해 약 240년 정도 이른 셈이다. 중국의 경우에는 일찍이 8세기경 네스토리안파의 기독교(경교)가, 그리고 13세기 원왕조 때에 가톨릭이 전래된 적이 있지만 모두 실패로 끝났고 16세기에 들어와 다시 가톨릭 선교가 시작되었다. 일본의 기독교 전래는 중국의 이 시기보다 약간 앞서 이루어진 것이다.

1549년에 예수회 선교사 프란시스코 사비에르Francisco de Xavier(1506~1552) 신부를 포함한 세 명의 성직자가 규슈 남단의 가고시마(鹿兒島)에 상륙했다. 사비에르가 2년 반 뒤에 중국 선교를 위해 일본을 떠났지만, 이후 가톨릭은 나가사키(長崎)를 중심으로 서일본 지역에서 급속한 발전을 이루어 1580년에는 신자 수가 10만여 명을 헤아리게 되었고, 17세기 초엽에는 약 45만이라는 큰 신앙 집단을 형성하기에 이르렀다. 이처럼 짧은 기간 동안 기독교 신자가 급증하게 된 데에는 기독교로 개종한 규슈 지역의 다이묘(大名)들이 적지 않은 역할을 했다고 보여진다. 그들은 주로 포르투갈과의 교역을 기대하여 기독교인이 되었는데, 다이묘가 기독교인이 되면 그의 영지에 사는 모든 일본인은 집단적으로 기독교로 개종하는 경우가 통례였다. 심지어 일본 최초의 기독교 다이묘인 오오무라 스미타다(大村純忠, 1533~1587)는 나가사키 시를 통째로 예수회에 바칠 정도였다. 여기서 엿볼 수 있듯이, 일본에서의 초기 기독교 전파는 매우 성공적이었다. 1582년 네 명의 일본 소년들로 구성된 견구사절단(遣歐使節團)이 일본을 떠나 공식적으로 유럽 각국을 방문하고 교황을 알현한 사건은 이와 같은 성공적인 분위기를 엿볼 수 있게 해준다. 당시 최고 권력자였던 오다 노부나가(織田信長, 1534~1582)는 강고한 불교세력을 견제한다는 맥락에서 기독교를 적극 보호했다. 이와 같은 노부나가의 지원에 힘입어 1579년 일본에 온 예수회 순찰사 발리냐노 Alexandro Valignano는 일본 가톨릭의 관구를 독립시킬 것, 일본인 성직자를 양성할 것, 선교사는 일본어와 다도 등 일본 문화의 습득에 힘쓸 것 등을 골자로 하는 일본 포교 방침을 제정했는데, 이 또한 일본 기독교의 교세 약진에 적지 않은 역할을 했다. 견구사절단 파견은 이 발리냐노의 일본 출국과 함께 이루어진 것이었다.

이 견구사절단이 유럽 각국의 열렬한 환영을 받으면서 장차 일본 기독교의 중심 인물이 될 만한 소양과 견문을 쌓은 후 1587년 귀국할 무렵, 일본에서는 도요토미 히데요시(豊臣秀吉, 1537~1598)에 의해 '선교사 추방령(伴天連追放令)'이 발포되는 등 바야흐로 기독교 탄압이 시작되고 있었다. 이로 인해 견구사절단의 말로가 비참해졌음은 말할 것도 없다. 히데요시는 일본 기독교 탄압의 효시를 이룬 이 기독교 금교령에서 일본은 '신국(神國)' 즉 신도의 나라이므로 기독교를 받아들일 수 없다고 선언했다.[42] 물론 기독교 금교령의 배후에는 이런 종교적인 이유만 있었던 것은 아니다. 기독교가 통일정권의 안정에 위협적인 요소가 될지도 모른다는 우려도 있었고, 나아가 서양 제국이 '우선 선교사를 이교국에 보내 기독교로 개종시킨 다음 군대를 보내 정복하려 한다' 는 우려도 없지 않았다. 그리하여 히데요시는 정유재란을 일으킨 1597년에 나가사키에서 프란시스코회 성직자 여섯 명과 일본 신자 스무 명을 책형에 처했다. 이것이 유명한 26성인의 순교 사건이다. 히데요시가 사망한 다음해에 에도 막부를 연 도쿠가와 이에야스(德川家康, 1543~1616)에 의해 1614년에 전국적으로 철저한 기독교 금교령이 발포된 이래 30여 년 간, 일본의 기독교사는 유례 없는 처절한 박해와 순교의 피로 점철되었다. 1619년 교토의 박해(25명 순교), 1622년 나가사키의 박해(55명 순교), 1623년 에도의 박해(50명 순교), 1627년 운젠의 박해(16명 순교) 등을 대표적으로 들 수 있는데, 이 무렵 문헌상으로 확인 가능한 순교자 수는 총 4천 45명에 이르며, 기록에 남지 않은 다수의 순교자까지 합하면 대략 4만여 명에 이르는 것으로 추정된다.

이처럼 박해가 본격화되면서 이른바 단카제도(檀家制度)라는 것이 확립되었다. 단카제도는 기본적으로 전국시대(戰國時代, 1467~1573)의 오다 노부나가와 도요토미 히데요시가 잇

코잇키(一向一揆)[43]로 인해 고전했던 전철을 밟지 않기 위해 도쿠가와 막부가 시행했던 불교에 대한 강력한 통제정책으로 시작되었다. 그러나 그 전개 과정에서 단카제도는 본질상 기독교 탄압과 뗄레야 뗄 수 없는 연관성을 지니고 있으므로 좀 상세히 다룰 필요가 있다. 막부는 사원법도(寺院法度, 사원이 지켜야만 하는 규칙을 정한 법률)라고 불린 일련의 법령들을 지속적으로 발포함으로써 단카제도라는 에도시대 특유의 시스템을 확립, 불교계를 완전 장악했을 뿐만 아니라 기독교를 철저하게 발본색원하는 데 성공했다.

단카제도의 성립 과정의 첫 단계는 본말사(本末寺)제도의 규정이다. 각 불교 종파별로 중앙에 본산을 두고 지방에 말사들을 지정한 이 본말사제도는 본산을 정점으로 한 중앙집권적 조직으로서, 이는 막부가 다이묘들을 지배하기 위한 중앙집권적 정치조직을 불교계에 적용한 것이었다. 이와 같은 제도 정비와 더불어 막부는 사원에서 행하는 설법을 사상적으로 통제하는 한편, 새로운 사원건축이나 새로운 종파 창설을 제한하고 사원의 기부금 모집도 제한했다. 이상의 불교 통제정책을 더욱 효과적으로 수행하기 위해 막부는 에도에 후레가시라(觸頭, 각 종파의 본산급에 해당하는 유력 사원)를 두어 그곳에 명령을 내려 일사불란하게 전국 사원으로 전달되도록 했으며, 행정면에서 사사봉행(寺社奉行)이라는 관직을 설치하여 사원과 신사를 관리 감독하게 했다.

이어 막부는 데라우케(寺請)제도를 확립함으로써 단카제도를 완성시켰다. 즉 막부는 뒤에서 말할 '시마바라의 난' 후

슈몬아라타메야쿠(宗門改役)라는 전문기관을 설치하여 전국적으로 보급시켰다. 이 기관은 전국 가가호호마다 가족 전원의 연령과 종교 등을 호주가 직접 날인 기록하게 하는 일을 담당했다. 그런데 이것은 단순한 호구조사가 아니었다. 이는 해당 지역의 책임자가 기재 내용을 다시 확인하고 나아가 해당 지역의 불교사원 주지가 그 내용을 증명하는 방식으로 행해졌다. 게다가 일반인들은 결혼이나 이사를 할 때에는 반드시 주지의 입회하에 기재 내용을 정정해야만 했으며, 여행시에는 주지가 발행한 증명서를 소지해야만 했다. 이와 같은 데라우케제도를 시행한 결과 모든 일본인은 본인이 좋든 싫든 누구나 다 형식상으로는 불교 신자가 되지 않으면 안 되었다. 다시 말해 각 가정은 의무적으로 어느 한 불교 종파에 소속되어야만 했던 것이다. 이때 각 가정이 소속된 불교사원을 보다이지(菩提寺)라 하고 그 가정을 단카(檀家)라고 불렀다.

그렇다면 이와 같은 조직적인 기독교 탄압에 대해 일본 기독교인들은 어떻게 반응했을까? 몇 가지 사례를 살펴보자. 첫째, 선교사들은 '콘프라리아Confraria'라는 신자 조직을 만들어 이에 대응했다. 콘프라리아는 50인 정도의 소조직을 기본 단위로 하고 있으며 그 상위에 대조직 및 지방조직을 두고 있었다. 이는 각 소조직의 집회에서 예배를 보고 교리를 배우는 한편 신자들 간의 어려움을 서로 돕는 상호부조 조직으로서의 성격도 지니고 있었다.

둘째, 그러나 박해가 진행되면서 조직 간 연락이 두절되고 고립될 수밖에 없었는데, 바로 여기서 이른바 '가쿠레 기리시탄(숨은 기독교인)'이 생겨나게 되었다. 가쿠레 기리시탄은 에도시대뿐만 아니라 근대 이후까지도 존속했다고 하는데, 그 과정에서 재래의 민간신앙과 혼합되는 한편, 검거망을 피하기 위해 성화와 의례 등을 불교나 신도의 것으로 대체함으로써 원래의 기독교 신앙과는 다른 형태의 일본적 기독교로 바뀌었다. 가령 성모 마리아상이 불교의 관음보살상이나 민간신앙의 귀자모신(鬼子母神)상의 형태로 변한 것은 그 전형적인 사례라 할 수 있다. 세계 기독교사에서 유례를 찾아보기 힘든 이 일본 특유의 기독교 신자들은 표면상 불교사원의 단카이므로 장례식 때는 승려를 부를 수밖에 없었다. 그러나 불교식 장례가 끝난 후에는 관에서 불구(佛具)를 제거하고 다시 기독교식 장례를 거행했다. 에도 후기에 가톨릭이 다시 일본에 들어오자 많은 가쿠레 기리시탄들이 속속 교회로 복귀했지만, 서구적인 가톨릭 의전에 적응하지 못해 교회를 떠나는 경우도 적지 않았다고 한다.

셋째, '시마바라의 난'으로 전개된 민중들의 반응을 들 수 있다. 시마바라의 난은 기독교에 대한 탄압이 심해지면서 시마바라(島原) 및 아마쿠사(天草) 지방의 기독교인들이 1637년에 일으킨 농민전쟁을 가리킨다. 물론 우리의 동학난이 종교적 요인만으로 구성되어 있는 것이 아니듯 시마바라의 난도 시마바라 번(藩)의 악정에 맞선 항거라는 측면을 내포하고 있다. 그러나 막부는 이 농민반란이 기독교도들의 일본 침략 음모라고 선전했다. 원래 시마바라와 아마쿠사 지방의 농민들이 기독교와 만나게 된 것은 영주였던 아리마 하루노부(有馬晴

信)와 아마쿠사 다네모토(天草種元)가 기독교인이 되면서 이들이 가신 및 영내 백성들에게도 기독교인으로 개종하도록 강권한 데에서 비롯되었다. 이어 후에 임진왜란에 참전했던 고니시 유키나가(小西行長)가 영주가 되었는데 그 또한 기독교인 다이묘였다.

시마바라 난에 직접적으로 도화선을 당긴 것은 새로 부임한 영주의 잔혹한 폭정이었다. 영주 마쓰쿠라 시게마사(松倉重政)는 막부에 필요 이상으로 충성을 바치는 아첨형이자 백성들을 사정없이 수탈하는 가렴주구형 통치자였다. 설상가상으로 그는 선교사들의 전진기지였던 필리핀 루손 섬을 공격하자고 막부에 상신할 정도로 철저한 기독교 혐오주의자였다. 거기다 4년 간에 걸친 흉작으로 민심이 흉흉할 때, 연공을 걷는 관리들이 폭력을 휘두르고 기독교인들의 예배를 방해하는 일이 일어났다. 이에 반발한 농민들의 항거가 곧바로 시마바라 반도 및 아마쿠사 지방까지 퍼져 일대 농민반란으로 확산되었다. 이 농민들이 아마쿠사 시로(天草四郞, 1624~1638)를 대장으로 하여 조직적인 군사집단으로 재편될 수 있었던 것은 결코 우연이 아니었다. 사실 이 지역의 농민들 가운데에는 아리마 영주가 다른 지방으로 전임하면서 남겨둔 전직 무사들이 많이 있었다. 게다가 이 지방에는 콘프라리아의 기독교 신자 조직이 잘 발달되어 있었다. 하지만 역시 막부와는 상대가 될 수 없었고, 결국 반란 지역 주민 3만여 명 전원이 몰살당함으로써 시마바라의 난은 실패로 끝나고 말았다.[44]

## 2. 《침묵》—배반의 미학

이와 같은 기독교 박해의 정황을 무대로 삼아 씌어진 소설 중에 엔도 슈사쿠(遠燈周作)의 《침묵》이 있다. 이 소설은 역사상 실제 인물이었던 페레이라Ferreira(1580?~1650) 신부의 배교 사건을 중심으로 17세기 기독교 전래기의 일본 사정을 드라마틱하게 보여주고 있다. 때는 3대 쇼군(將軍) 도쿠가와 이에미쓰(德川家光, 1604~1651)가 통치하던 에도시대. 일본에서 기독교 탄압이 가장 정점에 달해 있던 1630년대 말, 포르투갈 예수회 신부인 세바스티안 로돌리코는 일본 예수회 신부인 페레이라 신부가 배교했다는 소문을 듣고 그 진상을 직접 확인하기 위해 일본으로 밀입국한다. 이는 곧 순교를 각오한 행동이었다. 로돌리코 신부는 마카오에서 만난 일본인 기치지로의 안내로 일본에 잠입하는 데 성공한다. 여기서 잠깐 기치지로라는 인물에 대해 살펴보자.

소설 속의 기치지로는 아마도 무사 야지로라는 인물을 모델로 한 듯싶다. 마카오에 살았던 야지로는 사비에르 신부를 일본으로 안내한 실제 인물이었다고 전해진다. 《침묵》에서는 기치지로를 마치 성서에 나오는 유다처럼 묘사하고 있다. 유다가 예수를 배반한 것처럼 기치지로 또한 결국은 로돌리코 신부를 일본 관원들에게 팔아넘긴다. 그리고 유다가 예수를 배반한 후에 후회했던 것처럼, 기치지로도 체포당한 로돌리코 신부의 뒤를 따라다니면서 용서를 구한다. 이 두 인물에게는 공통점이 있는 것 같다. 교활하나 약하기 그지없는 인간, 상처받기 쉬운 인간의 모습이 그것이다. 이는 모든 인간이 안고 있는 보편적인 문제임이 틀림없다. 그러면서도《침묵》에 그려진 기치지로는 특히 일본인의 마음에 내포된 어떤 어두운 그림자를 잘 보여준다. 엔도 슈사쿠는 일본인의 이중적 기질 가운데 주로 부정적인 측면들을 이 기치지로라는 캐릭터에다 투영한 듯싶다. '약삭빠른 생쥐' 같은 기치지로는 일단 자신이 인정받는 상황 속에서는 부지런하고 깔끔하게 일을 처리할 줄 아는 능력의 소유자이지만, 자신이 조금이라도 불리해지면 보기에 딱할 정도로 비굴해진다. 그러면서도 한없이 민감한 기질을 지니고 있어 쉽게 상처받고 자기 자신에 대해 항상 갈등한다.

《침묵》은 이런 기치지로의 비굴한 이미지와 죽음도 두려워하지 않는 일본인 순교자들의 당당한 이미지를 교차시키고 있다. 이 대목에서 떠오르는 것이 있다. 일본에 기독교를 전해준 유럽의 선교사들은 일본과 일본인들에 대해 서로 상반되는 극단적인 평가를 내렸다. 가령 일본 포교장을 지낸 프란시스코 카브랄Francisco Cabral은 "일본의 정치는 야만스러우며 일본인은 위선적이다. 나는 일본인만큼 방자하고 탐욕스러우며 불안정한 국민을 본 적이 없다"고 혹평을 하고 있다. 그런가 하면 여러 해 동안 일본 중부의 포교장을 지냈던 오르간티노Gnecchi-Soldo Organtino는 "일본인은 전 세계에서 가장 현명한 국민 중 하나이며 매우 이성적이다. 교토야말로 일본의 로마라 할 수 있을 만큼 과학과 견식이 뛰어나며 고상한 문명을 보여준다. 나는 일본어를 이해하게 되면서 이처럼 총명하고 영민한 사람들은 세계에 다시 없을 거라고 생각하기에 이르렀다"고 칭찬을 아끼지 않는다. 어느 쪽이 더 진실에 가까운 것일까? 그리고 이런 두 얼굴은 단지 일본인에게만 해당되는 것일까?

어쨌거나 기치지로의 밀고로 체포된 로돌리코 신부는 이노우에라는 고관의 취조심문을 받게 된다. 이 이노우에라는 등장인물 또한 역사적인 실제 인물이었던 이노우에 마사시게(井上政重, 1585~1661)를 모델로 삼고 있다. 이노우에 마사시게는 1640년에 기독교 근절의 총책임자로 취임한 이래, 종전처럼 기독교인들을 곧바로 죽이기보다는 교묘한 심리적 방식으로 고통을 주면서 효과적으로 배교시키는 능란한 수완을 발휘했다고 한다. 부드러운 인품과 날카로운 지력의 소유자인 이노우에는 로돌리코 신부를 취조하면서, "신부가 가지고 있는 신앙 자체의 옳고 그름을 문제 삼으려는 것이 아니다. 에스파냐와 포르투갈 및 기타 다른 나라에서는 신부의 신앙이 확실히 옳은 믿음일지 모르지만, 우리가 기독교를 금지시키고 있는 것은 깊이 숙고해본 결과, 기독교 신앙이 지금 이 나라에는 무익하다고 판단했기 때문이다.……기독교라는 나무는 다른 나라에서는 잎도 무성하고 꽃도 피울지 모르지만, 우리 일본에서는 잎이 시들고 꽃봉오리 하나 열리지 않는다"고 말한다. 무언가 정곡을 찌르는 듯한 말이다. 어쩌면 이 말은 일본인의 마음을 대변해주는 것인지도 모른다. 이 말에 대한 로돌리코 신부의 답변 또한 참으로 인상적이다. "옳은 것은 어떠한 나라, 어떠한 시대에도 통하기 때문에 옳은 것입니다.

포르투갈에서 옳은 가르침은 또한 일본에서도 옳은 것이 아니면 안 됩니다.……만약 잎이 자라지 않고 꽃도 피지 않는다면 그것은 비료를 주지 않았기 때문일 것입니다." 진리의 보편성을 믿어 의심치 않는 서구인들의 사유방식을 매우 재치있게 표현한 말이다. 과연 어느 쪽이 더 설득력이 있는가? 일본적 특수성인가 아니면 유럽적 보편성인가?

좀더 생각해보자. 어느 날 밤 감옥 안에서 로돌리코 신부는 이상한 소리에 잠을 깬다. 처음에는 누군가 코고는 소리라고 생각했다. 하지만 실은 그건 구덩이 속을 향해 거꾸로 매다는 고문을 당하고 있던 기독교 신자들의 신음소리였다. 기독교 박해 초기 단계에서 일본은 단순한 참수형이나 찢어 죽이는 책형 또는 화형 등을 시행했다. 그러나 이것이 공포심을 불러일으키기보다는 오히려 보는 자로 하여금 더 감동을 받게 하며, 기독교 신자들의 신앙을 더욱 뜨겁게 타오르게 하는 결과를 초래한다고 판단한 막부는 더욱 다양한 고문 방식과 형벌을 고안해내기에 이른다. 그렇게 해서 생겨난 고문 방식 중에 가장 무서운 것이 바로 구덩이에 거꾸로 매다는 고문이었다. 이때 머리에 피가 모여 단시간에 죽지 않도록 관자놀이에 조그만 구멍을 뚫어 피가 한 방울씩 떨어지게 했고, 또한 내장이 뒤집어지지 않도록 온몸을 밧줄로 꽁꽁 묶었다고 한다. 1633년 나가사키에서 페레이라 신부는 이런 고문을 받고 배교한 것이다. 배교 후에 일본 여자를 아내로 맞아들인 그는, 사와노 츄안(澤野忠庵)이라는 일본식 이름으로 바꾸고 기독교 신자의 검거에 협력했다는 기록이 남아 있다.

그러나 역사적 기록이란 종종 무미건조한 생선뼈 같은 것이기 십상이다. 엔도 슈사쿠는 거기에다 살을 붙이고 생동감 있는 비늘을 덧입혔다. 그렇다면 작가의 상상력이 재창조해낸 페레이라 신부상은 어떤 것이었을까? 페레이라 신부는 순교의 영광을 꿈꾸면서 구덩이에 거꾸로 매다는 고문의 끔찍한 고통을 충분히 견뎌낼 수 있었다. 정작 그가 참을 수 없었던 것은 무고한 일본인 기독교 신자들이 거꾸로 매달려 신음하며 죽어가는 소리였다. 페레이라 신부는 로돌리코 신부에게 자신이 배교하게 된 이유를 다음과 같이 고백한다. "내가 배교한 것은, 이곳에 갇혀 있는 동안 들었던 저 끔찍한 신음소리에도 불구하고 하느님이 아무것도 하시지 않았기 때문이다. 나는 필사적으로 기도를 드렸지만 하느님은 아무 일도 하지 않으셨다." 이리하여 페레이라 신부는 다른 신자들을 구해내기 위해 스스로 배교자의 오명을 뒤집어썼다. 사랑을 위해 배교한 것이다. 참으로 역설적인 배교이다.

이제 가장 길고 어두운 밤이 끝나갈 무렵, 마침내 로돌리코 신부도 후미에(踏繪)[45] 앞에 서고 만다. 그는 이제 자신이 생애에 걸쳐 가장 아름다우며 가장 성스럽다고 여겨온 것, 인간의 가장 높은 이상과 꿈으로 가득 차 있는 것을 밟아야만 하는 것이다. 쓰리고 아팠다. 그때 목판 뒷부분에 새겨진 그리스도한테서 "나를 밟아도 좋다. 네 발의 아픔은 바로 내가 가장 잘 알고 있다. 나는 너희에게 밟히기 위해 이 세상에 태어났다. 나는 너희의 아픔을 나누어 갖기 위해 십자가를 짊어진 것이다"라는 음성이 들려오는 것 같았다. 이렇게 해서 로돌리코 신부가 성화에다 발을 올려놓았을 때 아침이 왔고 멀리서 닭 우는 소리가 울려퍼졌다. 베드로가 예수를 세 번이나 배반했던 밤의 끝에도 그러했듯이.


## 3. 현대 일본 사회와 기독교

지금까지 살펴본 것처럼 기독교는 일본에 전래된 이래 에도 시대에 철저히 탄압받았다. 그 결과 일반인들에게는 무의식적으로 기독교에 대한 공포심이 심어졌다. 메이지 유신 이후 국가신도 체제하에서 근본적으로 천황의 종교적 권위를 인정하지 않는 기독교는 받아들여지기 어려운 측면이 있었다. 하지만 메이지 정부는 문명개화 및 국제사회로의 진출을 위해 기독교를 수용하지 않을 수 없는 입장이었다. 이리하여 1873년 정부는 1587년 이래 거의 3백여 년 간이나 지속되어오던 기독교 금지령을 해제했다. 그럼으로써 도미니크회, 프란시스코회, 예수회, 살레지오회 등이 속속 일본으로 들어와 가톨릭 포교가 다시 활발해졌고 나가사키를 중심으로 일본 전국에 성당이 건립되었다. 일본 가톨릭은 대체로 개신교에 비해 보수적이었고, 1936년에는 신앙의 표현을 조건으로 국가신도 의례에 참여하는 것을 허가하는 등 천황제와도 타협적이었다.

한편 개신교의 경우도 미국 감리교회, 장로교회, 개혁교회의 선교사들이 속속 일본에 들어와 활발한 활동을 전개했는데, 이들은 교육사업(특히 여성교육)을 중시하고 젊은 인재

육성에 힘을 썼다. 메이지 학원, 펠리스 여학원, 요코하마 공립학원, 여자학원 등이 당시 개신교 선교사들이 건립한 대표적인 학교이다. 이렇게 개신교 선교사들에게 교육받은 젊은이들은 '밴드' 라 불리는 신자 그룹을 형성하여 독자적인 활동을 전개했다. 가령 요코하마(橫浜) 밴드의 우에무라 마사히사(植村正久, 1858~1925), 구마노(熊野) 밴드의 에비나 단죠(海老名彈正, 1856~1937), 삿포로(札幌) 밴드의 우치무라 간조(內村鑑三, 1861~1930)와 니토베 이나조(新渡戶稻造, 1862~1933) 등이 근대 일본 사회 및 사상에 끼친 영향력은 결코 무시할 수 없을 만큼 컸다. 사실 오늘날 일본인 일반이 기독교에 대해 '낭만적이고 총명한 지식층의 종교' 라는 이미지를 가지게 된 것도 이들의 활동과 무관하지 않은 것으로 보인다. 여기서 특히 간과해서는 안 될 것은 근대 일본의 개신교가 메이지 10년대의 자유민권 운동 및 이후의 사회주의 운동과 밀접한 연관성을 가지고 전개되었다는 점이다. 자유민권 운동 및 사회주의 운동의 지도자 가운데에는 개신교인들이 적지 않았다. 요컨대 근대 일본 사회에서의 민주주의, 노동운동, 사회사업과 교육사업 등의 전개는 개신교 전개와 따로 떼어놓고 생각하기 어렵다는 것이다. 그러나 이처럼 근대 일본 사회에 기독교가 끼친 심대한 영향에도 불구하고 오늘날 일본 기독교의 교세는 전체 일본 인구의 1%에도 미치지 못하는 100만 명 정도에 머물고 있다.

사실 오늘날 일본 기독교의 최대 과제는 바로 토착화 문제라 할 수 있다. 물론 가쿠레 기리시탄이라든가 우치무라 간조의 무교회주의의 경우에서처럼 일본화된 기독교의 사례가 있기는 하지만, 전자는 강요된 역사적 상황하에서 민간신앙의 옷을 입은 변질된 기독교였다. 그리고 후자는 어디까지나 지식인의 사상에 머물렀다는 한계를 지니고 있다. 패전 후 50년대에 일시적으로 미국의 단단한 보호막 안에서 기독교 신자 수가 급증한 적도 있지만 그것은 풍요로운 서구 문화에 대한 동경이 작용한 한때의 유행으로 끝났으며, 현재 기독교는 일본 민중들 사이에서 '일본인의 종교'가 되지 못한 채 '지식인의 종교' 기껏해야 '결혼식을 위한 로맨틱한 종교' 정도로 여겨지고 있는 실정이다.

전래 초기 경이로운 수용의 역사에도 불구하고 이처럼 기독교가 일본에 뿌리내리지 못한 이유는 어디에 있을까? 물론 그 첫번째 요인으로 근세 일본의 정치사회적 상황과 맞물린 철저한 기독교 탄압을 들 수 있을 것이다. 하지만 그것만으로는 설명이 충분하지 않다. 이 시점에서 다시 마루야마 마사오의 견해에 기대어보자. 제2장에서 언급했듯이 마루야마는 일본인의 관용적인 사상전통의 특징을 '정신적 잡거성'에 있다고 보았다. 그는 계속해서 기독교는 마르크스주의와 더불어 이런 정신적 잡거성 자체를 원리적으로 부인하는 종교이기 때문에 일본에 뿌리를 내리지 못했다고 지적한다.[46] 매우 날카로운 통찰력이지만 기독교가 과연 정신적 잡거성 자체를 원리적으로 부인하는 종교인가 하는 점에서는 이론의 여지가 있을 수 있다. 예컨대 기독교의 중요한 교의들은 거의가 플라톤주의를 비롯한 헬레니즘 사상과의 동거를 통해 이루어진 것이기 때문이다. 오히려 내게는 《침묵》에서 엔도 슈사쿠가 등장인물인 페레이라 신부의 입을 빌려 일본인들이 기독교에 대해 어떤 이미지를 가지고 있는지에 대해 한 말이 더 설득력 있게 다가온다. 페레이라 신부는 기독교 전래기의 일본인들이 받아들인 신은 실은 서구인들이 믿는 그런 기독교의 신이 아니라, 일본식으로 굴절시켜 받아들인 신이었다고 토로하면서 이렇게 말한다. "일본 민족은 인간과 아주 동떨어진 신을 생각할 능력을 갖고 있지 못하오. 이 민족은 인간을 초월한 존재를 생각할 힘도 갖고 있지 않소.……이 민족은 인간을 미화하거나 확장시킨 어떤 것을 신이라 부르오. 다시 말해서 인간과 동일한 존재를 신이라 부르오." 결국 일본에는 아무리 해도 기독교를 받아들일 수 없는 그 무엇인가가 있다는 것이다. 그것은 아마도 신도적인 어떤 것이라고 보여진다. 이는 엔도 슈사쿠가 소설적 인물을 통해 기독교의 일본적 수용 양태를 진단한 말이자, 일본인들이 서구 기독교 세계를 비롯한 타자에게 이해받기를 원하는 일본적 특수성을 표현한 말이기도 하다. 침묵하고 있는 듯이 보이는 일본 기독교의 저류에서 또 다른 '용광로의 회상'을 발견해내는 일 또한 우리의 과제임이 틀림없다.

제 6 장 ─────── **신종교의
시대**[47)

오늘날 우리 나라는 기독교의 교세가 두드러지지만,
일본의 경우에는 신종교 교단들의 활동이 가장 현저하다.
먼저 일본 신종교의 발생기에 형성된 여래교(如來教),
흑주교(黑住教), 천리교(天理教), 금광교(金光教) 등에 대해
살펴보기로 하겠다.

## 1. 제2의 종교개혁—신종교의 발생

### (1) 여래교와 흑주교—여래와 아마테라스의 민중화

일본 신종교의 효시로는 일반적으로 1838년에 창시된 천리교를 든다. 천리교는 말하자면 한국의 동학과 같은 의의를 가진 신종교이다. 그런데 일본의 경우에는 천리교보다 시대적으로 더 앞선 선구적 존재로서 이미 여래교와 흑주교라는 신종교가 있었다. 여래교는 가난한 농부의 딸 잇손뇨라이 기노(一尊如來きの, 1756~1826)에 의해 1802년에 창시되었다. 일찍이 천애의 고아가 되어 평생을 남의 집 하녀로 살아온 기노의 서러운 인생은 그러나 그녀가 47세 되던 해에 곤피라대권현(金毘羅大權現)[48]이라는 신이 빙의(신들림)하면서 백팔십도 바뀌게 되었다. 여래에 의한 내세의 구원을 설한 여래교 교의의 두드러진 특징으로 인간을 '본래 지옥에 떨어질 수밖에 없는 악의 존재'라고 간주하면서 최고신이자 창조신인 여래가 자비심으로 그런 악한 인간을 구제한다고 하는 보편적인 구제 사상을 지적할 수 있다. 이 여래교가 불교적인 색채를 띠고 있다면, 1814년 구로즈미 무네타다(黑住宗忠, 1780~1850)에 의해 창시된 흑주교는 신도적 분위기를 담고 있다. 그는 오카게마이리[49]가 유행하던 때에 아마테라스에 대한 신앙에 초점을 맞추어 전통적인 신도 신앙을 민중적인 신앙으로 재편성했다. 그에 의하면 태양과 동일시되는 아마테라스는 만물의 근

원이며 모든 인간은 아마테라스의 자녀이다. 그리고 인간은 아마테라스에게서 흘러나오는 양기를 받음으로써 모든 질병과 고통에서 해방될 수 있다는 것이다. 이 여래교와 흑주교는 모두 매우 강력한 최고신이자 창조신을 설한다는 점에서 그리고 그 최고신과 신자의 관계가 승려나 신관 또는 종교의례의 매개 없이 신앙을 통해 직접 결부된다고 설한다는 점에서 일본의 전통적 종교와는 구별된다.

(2) 천리교—요키구라시의 이상

이런 종교개혁적 특성은 천리교와 금광교에서 더욱 뚜렷하게 나타난다. 먼저 천리교에 대해 살펴보자. 천리교는 지금의 덴리(天理) 시 부근에 살던 한 농촌 촌장의 아내 나카야마 미키(中山みき, 1798~1887)에 의해 창시되었다. 그녀는 게으르고 바람 피우는 남편에게도 순종적이고 오직 가사와 농사일만 알았던 전형적인 봉건 여성이었다. 40세가 되던 1838년, 미키는 장남의 고질적인 다리병을 고치기 위해 산악행자를 불러 가지기도(加持祈禱)[50]를 했다. 그런데 그날은 가지기도에서 중요한 역할을 하는 무녀가 없는 바람에 미키가 대신 그 역할을 했다. 이때 갑자기 미키의 입에서 남자 목소리로 "나는 하늘의 장군이다. 나는 태초의 참된 신이다. 이 집에 인연이 있어 내려왔다. 이제 전 세계를 구원하기 위해 천강했노라. 미키를 신이 임하는 신전으로 삼고 싶다"는 말이 튀어나왔다. 이어 미키는 남편을 향해 "내가 하는 말을 들어준다면 온 세상이 구원을 받겠지만, 만일 내 말을 듣지 않는다면 이

가문은 콩가루가 되고 말 것이다"라며 거의 협박조로 을러댔다.[51] 이와 같은 신들림 현상은 사흘 밤낮 계속되었고 이에 겁먹은 남편은 결국 가문 어른들의 동의를 구해 미키(그녀에게 빙의한 신)의 요구를 받아들이겠다고 승낙할 수밖에 없었다. 그러자 비로소 미키는 정상인으로 되돌아왔다. 천리교에서는 이 해를 입교의 출발점으로 삼고 있다.

그러나 실제로 미키가 종교활동에 나선 것은 그 후 십수 년이 지난 1860년부터였다. 그 사이 미키는 자신의 인생에 대해 무슨 생각을 했으며 자신의 종교 체험에 어떤 의미를 부여했을까? 미키의 시댁은 점차 몰락의 길을 걸었고 가족과 친지들은 그 원인을 미키에게 전가하려는 듯이 보였으며 주변 사람들은 저마다 미키가 미쳤다고 수군댔다. 이런 외중에 미키조차 자신의 종교 체험이 무엇을 의미하는지, 신이 자기에게 무엇을 원하는지를 확신할 수 없어 자살을 기도하기도 했다. 미키의 새로운 종교사상은 이처럼 끊임없는 고통과 절망 그리고 회의의 고독한 공간에서 그 구체적인 형태를 갖추어나갔다. 그 결과 미키는 신의 뜻과 섭리에 비추어 인간 삶의 부조리를 이해하게 되었고, 마침내 자신이 겪어온 한 많은 여성적 삶의 운명과도 화해하기에 이른다. 무릇 어떤 종교든 전인적인 종교 체험은 단순히 비일상적, 신비적, 일회적인 체험에만 머무르지 않는다. 그것은 지극히 일상적인 생활세계의 현장 한가운데에서 이루어지는 화해다. 예컨대 자기 자신의 슬픈 운명, 무정하고 잔인한 세상 그리고 침묵하는 신과의 화해를 추구하는 반복적인 체험이 되지 않으면 안 되는 것이다. 이를 위해 미키에게는 16년의 긴 세월이 필요했던 것이다.

이와 같은 종교 체험을 거친 후에 미키는 비로소 여성의 안산(安産)을 돕는, 이른바 '오비야유루시'라 불리는 주술적인 치병의례를 통해 본격적인 종교활동을 시작한다. 당시 일본 사회의 관습에서 임산부는 반드시 복대를 해야만 했고 출산이 가까워오면 식사도 따로 해야 했으며 출산 당일에는 격리된 산옥에서 아이를 낳아야 했다. 뿐만 아니라 산후 75일 간은 머리에 빗을 대어서는 안 된다든지 물을 만져서도 안 된다는 금기들이 엄격하게 지켜졌다. 이런 금기들은 여성을 부정한 존재로 보는 당시의 사회 관념에서 비롯된 것이었다. 그러나 미키는 오비야유루시를 통해 여성의 출산이 갖는 신성한 의미를 사람들에게 일깨워주었다. 즉 미키는 산혈이란 결코 부정한 것이 아니며 복대를 할 필요도 없다고 주장했다. 그녀는 오직 신의 은혜와 가호만으로 안산이 가능하다는 것을 보여주었다. 이와 같은 오비야유루시는 당시 사람들에게 가히 폭탄 선언과 같은 것이었음을 상상하기란 그리 어렵지 않다. 한갓 농촌 주부에 불과했던 미키는 이런 혁명적인 종교활동을 신의 권위를 빌려 수행했다. 이윽고 미키는 《미카구라우타》와 《오후데사키》 등의 경전을 저술하는 한편, 자신의 몸에 내린 신의 이름을 덴리오우노미코토(天理王命)로서 자각했다. 그리고 그 신이 인간의 요키구라시(陽氣ぐらし, 생명력에 가득 찬 삶)를 위해 천지와 인간을 창조했노라고 설했다. 또한 본래 현세란 즐거운 이상세계인데, 욕심이라든가 분노 등의 여덟 가지 악(먼지)이 마음을 더럽혀서 여러 가지 고통이 생겨나게 되었

다고 가르쳤다. 그러니까 이 먼지를 닦아내고 신의 뜻에 따라 살기만 하면 요키구라시가 가능하고 세상이 즐거운 이상세계로 바뀔 거라는 것이다.

### (3) 금광교—악신을 선신으로

금광교를 창시한 교조 아카자와 분지(赤澤文治, 1814~1883)는 현재의 오카야마(岡山) 현 곤코마치(金光町)의 한 농가에서 차남으로 태어났다. 그는 12세 때 인근 친척 집에 양자로 들어갔으며, 이후 종교 활동에만 전념하게 된 1859년(금광교 개교의 해)까지 오로지 기운 가세를 일으키기 위해 묵묵히 일만 하는 모범적이고 성실한 농민으로 살았다. 1830년은 이른바 '오카게마이리(おかげ参り)'의 해로, 서일본을 중심으로 5백만 이상의 사람들이 이세 신궁을 참배하는 등 일본 열도에 열광적인 분위기가 연출되었다고 하는데, 분지 또한 이 순례의 행렬에 참가했다. 이때 분지의 나이가 17세였으니까 그의 이세 신궁 참배는 아마도 성인식에 해당하는 일종의 통과의례 성격을 띤 것이었다고 보여진다. 한편 33세에 액년을 맞은 1846년, 분지는 34일 간에 걸쳐 시코쿠(四國) 지방에 있는 고보다이시(弘法大師) 구카이의 88개소 영장(靈場)을 순례하면서 영험을 체험한다. 액년이 돌아오면 사람들은 친척이나 친지를 초대하여 한바탕 잔치를 벌임으로써 액땜을 하는 것이 일반적인 관습이었는데, 분지는 그 대신 시코쿠 순례를 했던 듯싶다.

그런데 분지의 전반 생에서 가장 주목할 만한 사건은 다른 데 있다. 분지는 세 차례에 걸쳐 집수리와 신축공사를 했는데, 우연의 일치인지는 몰라도 그때마다 장남, 장녀, 차남을 비롯하여 소 두 마리까지 차례차례 죽어나가는 사건이 발생했다. 당시 민간에서는 특히 건축할 때 일어나는 흉사는 곤진(金神)이라는 악신이 일으킨 재앙 때문이라고 믿고 있었으며, 사람들은 그런 재앙을 피하기 위해 건축시에는 반드시 일진방위(日柄方角)를 점치곤 했다. 분지는 원래 그런 관습에 그다지 신경을 쓰지 않았지만 이해할 수 없는 불행한 사건을 여러 차례 겪으면서 일진방위설 같은 민간신앙이나 전통적인 신불(神佛) 신앙에 기대지 않을 수 없었다. 분지는 주술적인 수단을 다 써보았지만 아무런 소용이 없었다. 이런 상황 속에서 절망에 빠지지 않을 사람이 어디 있겠는가? 그러나 결국 분지는 자신의 부조리한 불행의 원인을 묻는 기나긴 고뇌의 여정에서 마침내 하나의 '대답'을 찾게 된다. 그것은 바로 덴치가네노가미(天地金乃神)의 발견이다. 즉 분지는 "덴치가네노가미에게 무례했음을 알지 못한 채 그 난리를 폈다"[52]고 고백하면서, 이해하기 어려운 인간의 고난과 불행들이 실은 인간 자신에게 책임이 있음을 자각하게 된다. 다시 말해서 분지는 사람들이 신에 대한 무례를 알지 못하기 때문에 불행한 일을 당하는 것이라고 생각했던 듯싶다. 이런 관점은 당시의 민간신앙과는 전혀 다른 발상이라는 점에서 주목할 만하다. 분지는 자신이 겪은 참담한 불행을, 덴치가네노가미라는 신이 인간을 구원하기 위해 자신에게 내린 일종의 신정론theodicy적 시련으로 이해한 것이다. 여기서 덴치가네노가미란 실은 앞서 언급한 악신 곤진의 다른 이름이다. 달리 말하자면 덴치가네 노가미란 분지가 재해석한 곤진이라고 이해해도 좋을 것이다.

요컨대 분지는 민간의 악신인 곤진신앙을 선신(구제신, 복신) 신앙으로 전환시킴으로써 금광교라는 새로운 신종교의 탄생을 가능케 했다. 이처럼 악신을 선신으로 변형시킨 경우는 아마도 세계 종교사에서 매우 드문 사례일 것이다. 우리는 이 금광교의 사례를 통해, 과연 절대적으로 악하거나 절대적으로 선한 신이 있을 수 있는지, 선신과 악신의 얼굴은 어쩌면 동전의 양면 같은 것이 아닌지, 악과 고통의 이면적 의미는 무엇인지, 타자를 악으로 규정해온 인간 정신성의 한계를 넘어설 수 있는 길은 무엇인지 등을 되물어보게 된다.

신적 존재에 대해 선악의 가치판단을 내리는 방식은 매우 다양하다. 유대 기독교 전통에서는 절대적으로 선한 윤리적 유일신을 전제로 하지만, 그 유대 기독교 전통에 적지 않은 영향을 끼친 조로아스터교에서는 선신과 악신이 원래 같은 뿌리에서 나왔다고 본다. 또한 마니교의 철저한 이원론적 신관념에서는 선신과 악신 사이의 우주적인 싸움이 강조된다. 한편 기독교 영지주의 전통은 악신을 선신이라고 착각하는 인간의 무지를 지적하고 있다. 다시 말해 기독교에서 말하는 창조신 하느님은 실은 '데미우르고스'라는 불완전한 신이라는 것이다. 이에 반해 붓다는 애당초 어떤 초월적 실체로서의 신적 존재를 인정하지 않았으며 다만 악신은 우리 마음 안에 알을 까고 자라나 우리를 위협하는 그림자 같은 것이라고 생각한 듯싶다. 또한 공자는 귀신에 관해 묻는 자로의 질문에 대해

"사람도 잘 섬기지 못하면서 어떻게 귀와 신을 섬기겠는가"(未能事人 焉能事鬼)라고 답했다는데, 거기에는 아예 선신이라든가 악신이 들어설 자리가 없어 보인다.

신화와 문학은 종종 선신과 악신이 협력자 또는 형제라는 점을 시사하기도 한다. 가령 괴테는 구약성서 《욥기》에 나오는 악신 메피스토펠레스를 《파우스트》에 끌어와 그에게 선신의 불가결한 조력자라는 위치를 부여한다. 또한 고대 신화, 영지주의 신화, 루마니아 신화, 인도 신화, 불가리아 신화 등에서 선신과 악신은 형제로 묘사된다. 이 밖에 이 세계와 인간의 창조가 선신과 악신의 공동 작품임을 시사하는 우주창생 신화도 적지 않다.[53] 여기서 중요한 것은 선신이냐 악신이냐 하는 것보다는 오히려 신에 대한 인간의 상상력이 지극히 다양하다는 점을 확인하는 데 있다. 금광교 교조 아카자와 분지의 신관념 또한 그런 다양한 스펙트럼의 한 분광이다. 고대 근동의 한 지방신에 불과했던 잔인한 전쟁신이 유대 민족의 유일신 야훼가 되고 그것이 다시 기독교의 사랑의 신으로 변화했듯이, 일본 민간신앙의 한 악신이었던 곤진이 인류 구제의 염원을 담은 금광교의 신앙 대상으로 바뀌었던 것이다.

악신에 대한 종교적 대응은 악신과 대립되는 선신을 설정하고 그 선신에게 도덕적인 정당성과 최종적인 승리의 필연성을 부여하는 방식이 일반적이다. 대표적인 예로 조로아스터교라든가 유대 기독교 전통의 경우를 들 수 있겠지만, 전술한 일본의 신도사상에서도 이와 유사한 사유를 찾아볼 수 있다. 가령 제3장에서 살펴보았듯이, 국학(國學)의 대성자 모토오리 노리나가는《고사기》에 나오는 마가쓰비 신과 나오비 신을 대립적인 악신과 선신의 투쟁 관계로 해석하면서 선신 나오비의 궁극적인 승리를 언급하고 있다. 그런데 노리나가의 이와 같은 옵티미즘 뒤에는 현실을 지배하는 알 수 없는 어떤 힘에 대한 복종과 그에 따른 자기 포기의 페시미즘이 깔려 있다. 그러나 아카자와 분지는 악신이 표상하는 것, 즉 악과 고통으로 가득 차 있는 세계와 이해하기 어려운 고난 앞에서 어쩔 수 없는 인간의 유한한 조건을 승인하면서도 그런 인간 조건을 특이한 방식으로 넘어서고자 했다. 다시 말해서 우리는 악신 곤진이 구제신으로 변형되는 모습에서 악과 고통의 현실을 종교적으로 변형시키고자 하는 적극적인 자세를 엿볼 수 있다. 이런 태도는 어쩌면 선신을 설정하여 악신을 제압한다는 발상보다 훨씬 더 인간적인 것이라 할 수 있다. 왜냐하면 이 원론적인 해결은 종종 악신을 배제하지 않으면 안 될 타자로 만들어버림으로써 인간 삶의 현실 자체를 소외시키는 결과를 낳기 십상이기 때문이다. 이처럼 금광교에서 악신의 변형이 갖는 의미는 세계 종교사에 비추어 보아도 결코 작지 않음을 알 수 있다.

(4) 금광교와 옴진리교 사이

천리교와 금광교는 공통적으로 보편적 구원 및 그 신 앞에서의 평등을 설함과 동시에 기존의 민간신앙적 금기들을 전면적으로 부정했다는 점에서 일본 종교사상 두 번째 종교개혁 (첫번째는 가마쿠라 신불교의 등장)의 주체라고 말할 수 있

을 것이다. 그러나 메이지시대의 국가신도 체제하에서 흑주교, 천리교, 금광교 등의 신종교들은 모두 교파신도로 통합되었다. 그 후 '치안유지법'(1925년에 제정, 1941년에 개정) 및 '종교단체법'(1940년에 발포)에 의한 정부의 철저한 종교통제 정책 아래 일본 신종교는 대본교(大本敎)와 혼미치 등의 몇몇 교단을 제외하고는 모두가 전쟁에 부역했다는 쓰린 기억을 안고 있다. 물론 이런 사정은 일본의 불교와 신도 나아가 기독교의 경우도 크게 다르지 않다. 그러다가 패전 후 치안유지법과 종교단체법이 폐지되고 그 대신 '종교법인령'(1951년 '종교법인법'으로 바뀌었다가 1996년 개정됨)이 발포된 후 종교교단의 설립이 매우 손쉬워짐으로써 이른바 '신들의 러시아워'[54]라 불리는 종교 붐이 일게 된다. 에도 후기에 천리교를 비롯한 신종교의 등장을 제1차 종교 붐이라 한다면 패전 후의 이 시기는 제2차 종교 붐에 해당될 것이다. 한편 70년대를 넘어서면서 일본 사회에는 제3차 종교 붐이라 할 만한 현상이 일어난다. 이 시기에 생겨난 신종교들은 대체로 오컬트적인 종말론, 영능력, 초능력에 대한 강조가 두드러진다. 가령 아함종(阿含宗), GLA, 숭교진광(崇敎眞光), 행복의 과학(幸福の科學) 등의 교단들을 들 수 있는데, 이를 일본 종교학자들은 신신종교라고 부르기도 한다. 다음에 집중적으로 살펴볼 옴진리교(オウム眞理敎) 또한 이런 신신종교의 전형적인 사례라 할 수 있다.

## 2. 옴진리교 사건의 의미

패전 50주년이었던 1995년에 일본 열도는 두 개의 엄청난 지진으로 곤혹을 치렀다. 하나는 5천여 명의 사망자를 낳은 '한신 대지진'이고, 다른 하나는 열 명의 사망자와 3천 명 이상의 피해자가 발생한 옴진리교의 '지하철 사린 살포 사건'이라는 지진이다. 그런데 한신 대지진이 입힌 상처는 서서히 아물어가고 있지만, 옴 사건의 상흔은 일본인들에게 단순히 쓰라린 악몽으로만 치부할 수 없는, 여전히 지워지지 않는 앙금처럼 남아 있는 듯 보인다. 심지어 어떤 지식인은 옴 사건을 망각하는 것은 다름아닌 '지적인 자살행위'라고 천명할 정도이다.[55] 그만큼 옴 사건은 우리가 외부에서 상상하는 것 이상으로 일본 사회에 어마어마한 충격을 던져주었다. 그것은 많은 일본인들에게 교육의 황폐, 기존 종교의 무력함, 가치 붕괴, 소외의 만연, 정치의 빈곤, 문화의 퇴폐 등 현대 일본 사회가 앓고 있는 '불안의 시대'의 뚜렷한 표징으로 각인되었음이 틀림없다. 그리하여 일본 지식인들은 현대 일본의 사회와 문화 속에 옴진리교와 같은 종교 집단을 낳은 토양과 정신적 배경이 있었음을 부인하지 않는다.[56] 이런 맥락에서 이제 옴 사건에 대해 좀더 상세하게 살펴보기로 하자. 의외로 옴 사건에 대해 우리에게 알려진 것은 별로 없으므로 먼저 1986년에 창립한 옴진리교의 교조 아사하라 쇼코(麻原彰晃, 1955~)의 행적 및 옴 사건 일지를 간략히 정리할 필요가 있다.

1955년 : 아사하라 쇼코, 구마모토(熊本) 현에서 다다미 직인의 넷째 아들로 출생

1975년 : 현립 맹아학교 졸업

1977년 : 치바(千葉) 현 후나바시(船橋) 시에서 침술사로 개업. 이 무렵부터 종교에 깊은 관심을 기울임

1978년 : 결혼. 후나바시 시에서 '한방아세아당 약국' 개업

1981년 : 건강식품 및 한방약국 'BMA약국' 개업. 불교계 신종교인 아함종(阿含宗)의 '천좌행(千座行)'[57] 수행. 쿤달리니 각성 체험

1982년 : 약사법 위반으로 체포됨. 벌금 20만 엔 납부

1984년 : 도쿄 시부야구에 요가 수행 도장을 개관. 주식회사 '옴' 설립

1985년 : 공중부유를 체험했다고 주장. 가나가와(神奈川) 현 미우라(三浦) 해안에서 신에게 '샴발라 왕국' 건립을 계시받았다고 주장.

1986년 : '옴 신선회' 창립. 인도의 히말라야에서 해탈을 체험했다고 주장. 《초능력, 비밀의 계발법》, 《생사를 넘어서》 간행

1987년 : 《초능력 비밀의 커리큘럼·건강편》 간행. 《마하야나》지 발간 시작. '옴진리교'로 개칭. 《이니시에이션》 간행. 제자들 가운데 이른바 '성취자'가 속출

1988년 : 《마하야나 수트라》 간행

1989년 : 《멸망의 날》 간행. 1990년의 중의원 선거 출마를 위해 '진리당' 설립. 도쿄도에서 종교법인으로 승인. 《선데이 마이니치》지에 〈옴진리교의 광기〉라는 연재 비판 기사가 실리기 시작.

'옴진리교 피해자 모임'이 결성됨. 요코하마 시의 사카모토(坂本堤)변호사 일가 실종

1990년 : 중의원 선거에 아사하라를 비롯하여 25명이 출마했으나 전원 낙선. 구마모토 현 나미노(波野) 마을에서 지역주민들과의 사이에 벌어진 분쟁과 관련하여 경찰이 강제 수사

1991년 : 아사하라, 〈아침까지 생방송〉에 출연.《인류 멸망의 진실》,《그리스도 선언》《노스트라다무스 비밀의 대예언》 간행

1992년 : 모스크바 지부 개설. 전국 각지의 국립대학에서 강연 시작. ABC 병기에 의한 세계 최종전쟁(아마겟돈)이 일어나 대도시에 파멸적인 타격이 있을 것이라고 예언

1993년 : 1997년에 아마겟돈이 일어난다고 예언.《아사하라 쇼코, 전율의 예언》 전편과 속편 간행

1994년 : 옴 교단이 외부의 독가스 공격에 의해 피해를 입었다고 주장하기 시작. 마쓰모토(松本) 사린 살포 사건. 가미구이시키(上九一色) 마을에서의 악취 소동

1995년 : 요미우리(讀賣)신문, 옴진리교의 사린 의혹 보도(1월). 도쿄의 두 지하철 역에서 사린 독가스 살포 사건 발생(3월 20일), 열 명이 사망하고 3천 명 이상의 피해자 발생. 경찰 일제히 강제 수사 돌입(3월 22일). 아사하라 체포(5월 16일)

옴진리교의 교의 및 수행체계에는 원시불교, 티벳밀교, 힌두교 요가를 중심으로 하여 중국의 신선도, 유럽의 신지학과 점성술, 요한계시록, 노스트라다무스 등의 다양한 종교사상들이 뒤섞여 있다. 그 가운데 가장 핵심적인 요소는 역시 불교

적 교의이다. 그렇다면 불교적 교의를 밑에 깔고 있는 옴진리
교로 하여금 이처럼 경악할 만한 폭력으로 달려가게 한 요인
은 도대체 무엇일까? 그 요인은 크게 두 가지로 나누어 생각
해볼 수 있다. 하나는 옴진리교 내적인 종교적 요인이고 다른
하나는 옴진리교 외적인 사회문화적 요인이다. 이제 이 요인
들에 대해 차례차례 살펴보기로 하자.

## (1) 옴 사건의 종교적 요인

### ㄱ. 탄트라 · 바지라야나

옴의 수행체계는 히나야나[58]→마하야나[59]→탄트라 · 바지라
야나 세 단계로 구분된다. 이 중 히나야나(개인 구원)와 마하
야나(중생 구원)의 수행체계는 우리가 알고 있는 소승불교와
대승불교의 수행체계와 크게 다르지 않으며 또한 폭력의 분출
과 직접적인 관계는 희박하다고 보이므로 생략하기로 하고,
탄트라 · 바지라야나(절대적 구원)에 집중하기로 하자. 탄트
라 · 바지라야나는 종종 탄트라야나와 바지라야나로 구분되기
도 하는데, 이 중 탄트라야나는 '가장 저차원 에너지의 하나
인 성적 에너지를 상승시키는 수행체계'를 가리키는 말로 통
상 쿤달리니 요가와 함께 얘기된다. 쿤달리니 요가는 회음부
의 무라다라 차크라에 있는 생명 에너지(성적 에너지)인 쿤달
리니를, 척추를 따라 나 있다고 상정되는 세 개의 기도를 통해
상승시켜 머리 끝의 사하스라라 차크라로 보내는 수행으로,
옴진리교에서는 이 과정을 거치면 생명 에너지와 지성이 합일

됨으로써 초인이 될 수 있다고 설한다. 1988년 당시까지만 해도 이와 같은 탄트라야나(좌도 탄트리즘과 방중술도 포함)에 의한 유체이탈을 빈번히 설했으나, 이후 아사하라는 그것이 현대 윤리에 어울리지 않는다 하여 거의 언급하지 않았다.

그 대신 강조되기 시작한 것이 바로 바지라야나이다. 바지라야나란 무엇에도 흔들리지 않는 금강심을 만드는 수행 단계를 가리킨다. "무엇이든 감각이 만족할 때까지 가라. 끝까지 가라. 그러면 언젠가는 물릴 것이다. 그런 다음에는 물린 상태에서 벗어나라. 이것이 탄트라야나에서 생기는 자유이다."[60] 바지라야나의 금강심은 그와 같은 자유 상태에서 비로소 가능하다고 말한다. 요컨대 옴진리교에서 〈바지라야나의 참회〉라고 불리는 수행은 두 단계로 이루어진다. 첫째는 모든 유혹을 긍정하는 단계이고 둘째는 그런 유혹들로부터 자유로운 금강심을 만드는 단계이다. 이런 바지라야나의 수행에서 가장 중요한 것은 감각적인 현실들이 본래는 가상(환상)임을 아는 깨달음과 그런 깨달음에 이르기 위해 구루의 지도가 절대적이라고 하는 점이다.

ㄴ. 극단적인 구루 숭배

히나야나·마하야나의 수행체계보다도 상위의 탄트라·바지라야나를 통해 비로소 최종 해탈에 이를 수 있다고 주장하는 옴진리교는 그 과정에서 구루(아사하라 쇼코 및 수행단계가 높은 성취자들)에 의해 신자들에게 에너지가 주입됨을 강조한다. 즉 신자를 구루의 클론(복제)으로 만들어야 한다는 것이다. "바지라야나의 모든 단계는 선도 악도 아니다. 단지 마음을 깨끗이 하고 진리를 직시하며 수행에 몰두해야만 한다. 이때 신성한 구루의 에너지가 이입될 필요가 있다. 절대적인 구루에게 귀의하고 자기를 텅 비워야 한다. 그렇게 비워진 그릇에 구루의 경험, 구루의 에너지를 채우는 것이다. 요컨대 구루의 클론화, 이것이 바지라야나의 핵심이다."[61] 구루의 '클론화'로 요약되는 이와 같은 극단적인 형태의 구루 숭배는 옴진리교의 특이한 의례인 '샥티 팟'[62], '그리스도의 입문식'[63], '피의 입문식'[64], 'PSI'[65] 등을 비롯하여, 초심자들의 경우 아사하라의 마인드 콘트롤용 테이프나 비디오를 장시간 시청[66]하는 것을 당연한 것으로 받아들이게 했다. 이런 의례를 통해 구루의 고차적 정신(의식)이 제자에게 복제되며 그럼으로써 신자들이 가지고 있던 저차원의 데이터가 물갈이될 수 있다는 것이다. 그 결과 신자들은 구루와 똑같은 생각, 똑같은 의식을 가지도록 요청된다. 구루와의 완전한 일치를 추구하는 것이다. 이것이 바지라야나의 수행 단계와 밀접한 상관관계가 있는 '구루의 클론화' 관념이다.

ㄷ. '포아'의 초인 윤리

그러나 옴진리교의 폭력 분출과 관련된 가장 극적인 장면은 '포아'의 교의에서 나타난다. '포아'란 원래 의식의 변형trans-form 즉 고차원의 의식 영역으로의 전이를 뜻하는 티벳 밀교 용어인데, 아사하라는 1989년 이후 의식을 변형시키는 이와 같은 '포아'의 신체기법을 재해석하여 고차적 의식 상태에 이

른 자가 낮은 의식 상태의 제자를 물리적으로 폭행하거나 심지어 살해하는 행위까지도 정당화하는 발언을 하기 시작했다.[67] "금강의 마음, 금강의 입, 금강의 몸을 가지기 위해서는 나쁜 카르마의 얼룩을 제거해야 한다. 가령 A가 B를 때린다고 하자. 그러면 B의 나쁜 카르마가 A에게로 옮겨간다. A가 B를 매도하면 B의 입에 붙어 있던 나쁜 카르마가 A의 입으로 옮겨간다. 이때 A의 마음속에 진실로 진리의 실천을 향한 열망이 있다면, 아무리 B에게 폭력을 행하고 매도한다 해도 A의 마음은 성숙할 것이다. 이것이 바지라야나의 가르침이다."[68] 이것이 바로 옴 교단에서 통상 '카르마 오토시(カルマ落とし)'라 불리는 핵심적 교의이다. 폭력을 통해 나쁜 카르마(악업)를 제거한다고 하는 아사하라의 이와 같은 발상은 절대적인 구루에게 '포아에 의한 구제'의 능력이 있음을 시사한다. 즉 구루처럼 고차적 의식 상태에 이른 자는 타자에게 어떤 폭력을 행사해도 통상적인 도덕에 의해 정죄될 수 없다는 것이다. 오히려 '포아의 폭력'은 상대방을 구제하기 위한 적극적인 수단으로 간주되기까지 한다. 이처럼 선악을 넘어선 초인의 윤리가 옴의 폭력을 정당화시키는 결정적인 기제로 작용했음은 말할 나위없다. 현대 정보화 사회에서 이와 같은 초인의 윤리가 어떤 의미를 가질 수 있는지에 대해서는 다시 이야기하겠다.

## ㄹ. 현세 부정적인 천년왕국주의적 종말관

이안 리더Ian Reader는 옴 교단을 폭력으로 이끌고 간 요인 가운데 중심적인 것으로서 현세 부정적인 태도와 천년왕국주의를 들면서 이렇게 지적하고 있다. "종래 대부분의 일본 신종교는 신자들에게 이 세상에서의 성공과 성취와 자기실현을 약속했다. 이에 비해 옴진리교는 일본 사회의 존재 양태 특히 물신주의에 대해 비판적이고 저항적인 태도를 보이면서, 일반 사회에서 벗어나 청빈한 생활을 하는 것이 중요하다고 주장했다. 즉 금욕, 요가, 명상수행을 통해 영적인 향상을 지향하고, 돈과 물신주의를 거부한다는 이상주의를 내세운 것이다. 이것이 현대 일본 사회의 물신주의와 지독한 획일주의와 엄격한 상하관계 그리고 치열한 경쟁에 몰려버린 젊은이들에게 특히 매력적으로 비쳐졌음이 틀림없다."[69]

이 지적에서도 엿볼 수 있듯이 옴진리교는 대단히 강렬한 이상주의에 젖어 있었다. 80년대 말 이전까지의 옴에서는 일정 수의 출가 수행자, 성취자, 해탈자만 있으면 세계의 파국적인 위기에서 벗어날 수 있으며, 수행자의 에너지에 의해 지상에다 '샴발라 왕국'[70]이라는 이상세계를 건설할 수 있다고 믿었다. 실제로 옴 교단에서는 1988년부터 '로터스 빌리지'라 불리는 자급자족적인 수련 공동체를 일본 전토에 세운다는 야무진 청사진을 발표하면서 다음과 같이 선언하기도 했다.

작금의 일본과 세계가 돌아가는 정세를 보라. 에고의 급속한 확대로 인해 매우 위험한 상태이다. 아사하라 존사께서 예언하신 일미 경제 마찰, 방위비 증대, 후지산 분화, 태평양 플레이트의 이상 징후 등도 현실화될 가능성이 더 짙어져가고 있다. 이런 상태대로 악한 에너지가 증대하는 것을 그대로 놓아둔다면 세기말의 핵전쟁은 막을 방도가 없을 것이다. 때문에 일본 샴발라화 계획을 세운 것이다. 이 계획은 일본 전체에 옴의 성스러운 공간을 확산시킴으로써 일본을 세계 구제의 거점으로 삼기 위한 것이다.[71]

그러나 이때까지만 해도 위기의식은 아직 막연한 것이었으며, 또한 옴진리교의 노력 여하에 따라 아마겟돈(최종전쟁)에서의 사망자를 세계 인구의 4분의 1 정도로 줄일 수 있고 그 뒤에 옴진리교의 성취자와 해탈자들을 중심으로 한 초인류가 지구를 통치하게 될 것이라는, 낙관적인 종말관에 머물러 있었다. 하지만 이른바 샴발라화 계획 달성을 위해 교단은 무리하게 대량의 출가 수행자를 만들고자 했고 그 과정에서 일반 사회 간에 심각한 분규와 알력이 빚어질 수밖에 없었다. 그 돌파구를 찾기 위해 옴진리교는 1989년 교단의 종교 법인화를 서둘렀는데, 그것이 공교롭게도 '사카모토 변호사와 그 가족 살해'라는 악순환의 고리를 만들고 말았다. 이에 초조해지기 시작한 교단은 다시 돌파구를 모색하기 위해 1990년 중의원 선거에 아사하라를 비롯한 간부 25명이 입후보했으나 그 결과는 굴욕적일 만큼 처참했다. 이런 과정을 거치면서 교단의 피해의식은 더욱 심화되었고, 각종 음모론이 등장하면서 급속하게 폐쇄적 방향으로 치달았다. 외부 사회와의 갈등이 증대되면서 위기의식이 고조되고 종말 예언이 남발되었으며 아마겟돈의 파국에서 살아남기 위해서는 무장해야만 한다는 망상이 구체성을 띠게 된 것이다.[72] 이와 동시에 내부적으로는 극단적인 구루 숭배 및 폭력(회의적인 신자들을 감금, 납치, 폭행, 살해)이 증폭되었다. 이와 같은 고립화 과정에서 교단은 갈수록 외부 사회에 대해 공격적인 적의를 키워나갔다. 그 결과가 지하철 사린 살포라는 무차별적인 폭력으로 나타난 것이다.

지금까지 살펴본 네 가지 요인은 옴의 폭력에 직접적으로 관련된 종교적 요인들이라 할 수 있다. 옴 사건 이래 많은 연구자들이 이안 리더처럼 폭력의 가장 중요한 동인을 현세 부정적인 천년왕국주의적 종말론에서 찾았다. 확실히 종말 예언은 옴의 폭력을 키운 중요한 요인이었으며, 일반론을 세우기에도 딱 맞아떨어지는 면이 있다. 하지만 그것만으로는 옴 사건의 독자성을 파악하기 어렵다.[73] 더 정확히 말하자면 종말론이 옴 신앙세계의 핵심은 아니었다. 종말론보다 더 핵심적인 요인은 앞서 언급한 바지라야나의 교의와 수행체계였다. 사실상 아사하라와 신자들에게 가장 중요한 신앙적 목표는 수행을 통한 해탈에 있었는데, 그런 해탈을 위한 최종적 교의가 바로 바지라야나였기 때문이다. 그러나 옴 사건은 이상의 네 가지 종교적 요인만으로도 다 설명될 수 없는 매우 복합적인 사건이다. 많은 논자들이 지적하듯이 옴 사건은 일본 현대사에서 중요한 분기점이 되는 상징이라 할 수 있으며, 일본의 역사, 문화, 사상, 정치, 경제, 종교 등 모든 영역에 걸쳐 있는 거대한 문제군을 내포하고 있기 때문이다. 이번에는 그 중 고도 정보화 사회와 관련된 여러 측면들을 중심으로 옴 사건의 외적 요인에 관해 살펴보자.

## (2) 옴 사건의 사회문화적 요인

### ㄱ. 종교의 소비상품화

옴 사건은 다른 종교 관련 사건들과 공통된 측면도 있고 그렇지 않은 면도 있다. 하지만 그것이 갑자기 튀어나온 것이 아니라는 점은 분명하다. 즉 일본의 종교 풍토 및 일본 사회문화의 에토스 속에 옴 사건을 일으킬 만한 어떤 토양이 있었다고 보아야 할 것이다. 이 점을 이해하기 위한 하나의 실마리가 '종교의 소비상품화'(종교의 상업화) 즉 소비사회 속의 종교에 관한 고찰이다. 현대 사회의 거울이라 할 만한 '소비'라는 키워드를 떠나서는 옴 사건을 논할 수 없다.

옴진리교는 '종교의 소비상품화'의 전형적인 사례라 할 수 있다. 일본의 종교학자 시마조노 스스무(島薗進)는 종래의 신종교 조직 유형에는 이른바 오야코(親子) 모델[74] 또는 동료＝관료제 접합모델[75]이 많은 데 비해, 옴진리교의 조직은 업무수행 조직＝소비자 접합모델에 더 가깝다고 보았다.[76] 이때 업무수행 조직＝소비자 접합모델의 경우, 개개의 신자들은 처음에 전적으로 소비자로서 종교적 세계에 접한다. 다시 말해서 교단측의 종교정보 및 서비스에 대해 투자하는 형태로 종교에 접한다. 그러다가 곧 소비자를 넘어서서 열성적으로 활동하게 된다. 그런 열성 분자는 관료조직이나 업무수행 조직의 스탭이 되어 매우 효율적인 조직 운영 속에 편입된다.

그런데 이런 업무수행 조직＝소비자 접합모델에는 횡적 연결에 입각한 신앙 공동체적 성격이 결여되어 있다. 신자들은 전적으로 카리스마를 가진 지도자와 종적으로 연결되어 종교 체험을 추구하는 한편, 교조 및 조직에 대해 절대적인 충성심을 요구받으며 교단 확대라는 목적을 효율적으로 실천한다. 이는 직접적이고 구체적인 인간관계를 배제하는 경향이 증대되고 있는 현대 일본의 고도 소비사회의 분위기를 반영한다. 거기서는 종교활동 전체가 상업적, 소비자적인 실천 구조를 형성한다. 옴진리교는 일면 현대의 물신주의에 강렬하게 저항하는 현세 부정적, 현세 이탈적인 교의에 입각하여 상업적인 활동과는 상이한 공동체적 수행에 집중하는 듯이 보인다. 하지만 내실을 들여다보면 그 기초는 자기류의 종교 체험을 위한 투기적 투자라고 하는 상업적 구조에 있다. 이와 같은 종교의 소비상품화는 종교정보를 무제한 재생산하고 소비하는 종교정보 붐이라는 현상을 수반한다.

ㄴ. 종교정보 붐

종교정보 붐이란 종교에 관한 화제가 대량 소비되는 현상을 가리킨다. 이런 의미에서 현대 일본 사회는 가히 종교정보 붐의 시대라고 말할 수 있다.[77] 이런 종교정보 붐의 생산 주체는 물론 매스 미디어이다. 그런데 옴 교단은 매스 미디어에 대해 강한 혐오감을 표출하는 한편, 누구보다도 민감하게 이미지 선전 및 교세 확장을 위해 매스 미디어를 교묘하게 이용할 줄도 알았다. 예컨대 초기에 《트와이라이트존》이나 《무》와 같은 오컬트 잡지에 아사하라의 공중부유 사진이 실린 후 많은 젊은이들이 옴 교단에 입신했으며, 90년대 초반에는 아사하라가 텔레비전 프로에 적극적으로 얼굴을 내밀어 이미지 개선에 큰 효과를 보았다.

한편 종교정보 붐 현상과 관련하여, 옴 교단에 대해 일본 사회에 나돌았던 국적 불명의 정보들도 간과해서는 안 될 것이다. 가령 가장 최초 단계에는 옴 교단이 외부 조직(통일교, 자위대, 북조선 등)에 의해 선동, 조작되고 있다는 소문이 나돌았다.[78] 또한 한때는 옴 신자들이 모두 마인드콘트롤 당했으며 그들을 다시 정상적인 사회로 복귀시켜야 한다는 정보가 널리 나돌기도 했다. 마쓰모토 사린 사건과 지하철 사린 사건 후에는 정체를 알 수 없는 기발한 정보들이 더더욱 판을 쳤다. 물론 어느 정도 시간이 지난 다음 그런 정보들은 대부분 근거 없는 것으로 판명되었다.

여기서 문제는 정보의 옳고 그름이라기보다는, 오히려 정보의 과잉으로 인해 어디에 진리가 있는지 모호해져버리는 현대사회의 상황 그 자체에 있다. 정보의 과잉으로 인해 현대인들은 정보를 신뢰할 수 없다는 지나치게 예민한 감각을 갖게 된다. 말하자면 정치에 대한 무관심만큼이나 매스 미디어에 대한 불신이 심화될 수밖에 없는 것이다. 이때 무수한 종교정보들은 그저 스캔들리즘의 매끄러운 표면 위에 부유할 따름이다. 그렇게 떠다니는 거품 속에서는 가장 구체적이고 현실적이어야 할 신체마저도 정보화되고 만다.

ㄷ. 신체의 정보화

옴의 교의 및 수행 시스템에는 '신체의 정보화'(탈신체화,

초신체화, 제3의 신체화)가 강하게 나타난다. 이는 지금 이 장소에 있는 신체의 물질적, 공간적 정주성에서 벗어나 신체를 정보화하려는 경향이다. 거기에는 시공의 한계를 넘어 어디라도 갈 수 있는 신체에 대한 욕망이 깔려 있다. 특히 공중 부유라든가 유체이탈 또는 전생 체험 등에 대한 유별난 기대와 강조는 에너지의 흐름과 파동을 실감하는 신체에 대한 욕망을 적나라하게 드러내준다. 이는 수행을 통해 신체를 쿤달리니(신체 내에 내재하는 우주적 에너지)로 미분화함으로써 가능하다고 여겼다. 그렇게 함으로써 신체는 '나'이면서 동시에 '너'이기도 하며, '여기'뿐만 아니라 '저기'에도 동시에 존재할 수 있게 된다. 이것은 해탈의 감각이다.

이런 해탈의 감각은 공간성을 넘어선 비물질적, 정보적 세계에서 리얼리티를 포착하는 감각이라고 바꿔 말할 수 있다. 옴의 수행 시스템은 정보세계의 가상적 신체와 '지금 이곳'의 부자유스러운 신체를 반복적으로 대면시킨다. 그렇게 함으로써 한계가 없는 신체, 오감을 넘어선 우주를 확장하고자 한다. 그리고 이런 수행 시스템의 배후에는 사회적 리얼리티 자체를 정보화하려는 의도가 깔려 있다. 이와 동시에 역으로 단편화된 지식과 정보를 테크놀로지를 통해 실감시킴으로써 그것을 물질화·공간화하려는 욕망도 강하게 나타난다. 이런 욕망은 사린 독가스 제조, 각종 병기 제조로 현실화되어 나타났다.

그런데 사린 독가스 자체도 정보와 유사한 성격을 가진 것이 아닐까? 옴 신자들은 신체를 일종의 에너지의 흐름 또는 기체 같은 것으로 환원시키고 그럼으로써 타자 안에 직접 침투할 수 있는 그런 신체를 획득하고자 했다. 이는 그대로 사린 가스의 특성이기도 하다. 즉 사린은 쿤달리니화한 신체의 또 하나의 얼굴이라 할 수 있다. 또한 그것은 전자 미디어적 신체, 디지털적 신체라고 바꾸어 말할 수 있다.[79] 이처럼 사린 독가스의 무차별 살포라는 폭력과 '신체의 정보화'가 묘하게 일치된 지점, 그곳은 또한 가상의 현실화가 이루어지는 허구적 공간이기도 하다.

### ㄹ. 가상의 현실화

옴 사건은 정보화 사회에서 현실의 리얼리티가 점점 희미해져가는 시대상황과 맞물려 일어났다. 그래서 그것은 이른바 '허구의 시대'의 정점에서 일어났다고 지적되기도 한다. 가령 패전 후 일본의 현대사는 이상의 단계에서 허구의 단계로 이행했으며 1970년대가 그 전환점이라는 것이다.[80] 이때 이야기되는 이상의 시대에서 '이상'의 내용은 무엇인가? 그것은 지식인의 차원에서는 아메리카식 민주주의와 소련식 코뮤니즘의 이상이었고, 대중적 차원에서는 물질의 풍요라는 자본주의적 이상을 가리킨다. 1972년에 발생한 연합적군 사건[81]은 이런 이상의 시대의 종말을 상징하는 사건이었다. 한편 70년대는 앞에서 이야기했듯이, 신신종교가 대두된 시기로 이상의 시대에서 허구의 시대로의 이행은 현세 이익적 (구)신종교에서 현세 이탈적 (신)신종교로의 이행과 축을 같이한다. 강렬하게 이상을 달성하려는 시대에는 반드시 그 이상에서 소외되는 사람들이 나오게 마련이다. 일본의 경우 그런 사람들이 대거 신종교로 몰려들었다. 물질의 풍요를 추구하던 이상의 시대에 신종교로 입신하는 동기는 주로 가난과 질병과 갈등〔貧·病·爭〕으로부터의 자유를 추구하는 현세 이익적인 것이었다. 하지만 1960년대의 고도 성장기를 거친 일본 사회가 어느 정도 물질적 풍요를 이루면서 등장한 (신)신종교가 (구)신종교와 다른 성격을 가지리라는 것은 어렵지 않게 짐작할 수 있을 것이다.[82] 명상과 수행을 통한 심신의 변용을 강조하는 옴진리교는 그런 (신)신종교의 전형적인 교단으로서 특별히 현세 부정적인 성향을 강하게 노출시킨 교단이었다.

7, 80년대의 일본은 허구의 시대=고도소비사회=탈산업화사회=정보화사회로 표상된다. 이때 일본 사회에는 현대 프랑스 사상가 장 보드리야르Jean Baudrillard의 소비사회론이 유행했다. 그에 의하면 현대는 가상(허구)이 현실보다 뛰어나며, 오리지널과 카피 사이의 대립이 더 이상 의미를 가지지 못하는 시대이다. 거기서는 현실도 하나의 카피에 불과한 것, 즉 시뮬라크르에 지나지 않는다. 시뮬라크르는 오리지널과 카피의 구별이 의미를 갖지 못하는 기호적 존재를 말하는데, 이 시뮬라크르야말로 현실의 지배적 요소이다. 즉 현대의 고도 소비사회 또는 정보화사회에서는 이런 시뮬라크르에 대한 욕망이 사람들의 행동을 규정한다는 것이다. 가령 거기서는 상품보다도 광고가 한 수 위이다. 이런 '허구의 시대'의 세대적 대응물이 곧 신인류[83]라든가 오타쿠[84]이다. 옴 사건은 이런 '허구의 시대'의 극한에서 발생한 것이다. 그래서 사람들은

이런 새로운 세대층이 중심을 이루는 옴진리교를 가상현실 virtual reality적, 희화적, 오타쿠적이라고 부르기도 한다.

여기서 이상과 현실과 허구의 관계에 대해 조금 더 생각해보자. 이상은 처음부터 현실이 없이는 존재하지 못한다. 즉 현실세계와 이상은 인과적으로 연결되어 있다. 그러나 허구(가상)는 현실과 무관하게 성립될 수 있다. 그 결과 허구(가상세계)는 현실세계로부터의 고립을 지향하게 된다. 이런 허구성이 극한에 이르면 철저하게 자기완결적이고 자기충족적인 세계가 만들어진다. 그 예로 옴진리교는 일본이라는 국가 속에 옴이 있는 것이 아니라, 스스로 하나의 자기완결적인 국가를 구상했다.[85]

초기 옴 신자들에게는 분명 이상이 있었다. 그러나 그것은 이상의 시대에서 허구의 시대로 이행하는 현대 일본의 정보화 사회 속에서 조만간 가상의 현실과 뒤섞여버렸으며 이윽고 무차별 폭력의 자기 정당화와 더불어 가상 자체를 현실로 착각하게 되었다. 이때 적극적인 역할을 한 것이 바로 포아의 초인 윤리이다. 전술했듯이 포아의 사상은 윤리적 역설을 적나라하게 보여준다. 악을 철저화하면 선이 된다는 역설이 그것이다. 옴 신자들은 자신들의 행위가 악이라는 사실을 잘 알고 있었을 것이다. 하지만 그들은 원리적으로 추구된 악은 윤리적일 수 있다고 생각했다. 세속적으로는 악이지만 대국적인 견지에서는 선이라는 것이다. 이와 같은 관념의 원천은 티벳 밀교에까지 거슬러올라갈 수 있지만,[86] 옴 사건이 인도나 티벳이 아닌 현대 일본에서 발생했다는 사실은 우리의 시선을 다시금 일본적 맥락으로 향하게 한다.

(3) 성(誠)의 문화와 치(恥)의 문화

사실 옴 사건은 제3장에서 살펴본 일본 신도의 상대주의적 선악관 또는 모토오리 노리나가의 초월적 선악관을 상기시키는 측면이 있다. 일본의 정신적 풍토에는 절대적인 선도 없고 절대적인 악도 없다고 하는 상대주의적 선악 관념이 어딘가에 밑그림으로 그려져 있는 듯하다. 그런 밑그림은 한편으로 문화적 유연성을 확보시켜주지만 다른 한편으로는 윤리적 카오스를 초래할 위험성을 내포하고 있는 것이 사실이다. 옴 사건은 윤리적 역설을 적나라하게 노출시키고 있는 포아의 사상──악을 철저화하면 선이 된다는──및 선악의 차이를 무화시키는 디지털적 정보화사회의 속성──종교의 소비상품화, 매스 미디어의 조작적 이용, 구루의 클론화, 신체의 정보화──에 편승하면서 이런 일본 문화의 빈틈을 강타한 사례라 할 수 있다. 옴진리교는 현대 일본의 수많은 신종교 가운데 특히 젊은 세대의 정신적 공백을 예리하게 간파하여 기술주의 또는 과학주의를 주술적 교의 및 수행체계와 접목시키는 등 지극히 현대적인 방법으로 그 공백을 메우며 세력을 확장시킨 교단이다. 그 과정에서 옴 교단은 극단적인 방식으로 일본 문화의 맹점과 문제점을 노출시켰다. 그런 맹점 중 하나가 바로 '악에 대한 일본인의 무감각'[87]이다. 하지만 그렇다고 해서 이것이 일본인이 비윤리적, 반윤리적이라는 것을 뜻하지 않는다. 이때의 '악에 대한 무감각'이란 '악에 대한 무지'라기보다는 '악에 대한 역설적 감각'에 더 가깝다. 우리는 이미 앞 장에서 이런 일본적 악의 역설과 관련하여 노리나가와 신란의 경우를 살펴보았다. 거기에 더하여 여기서는 일본 문화의 특성을 지칭하는 데 일반적으로 언급되어온 두 가지 유형 즉 '성(誠)의 문화'와 '치(恥)의 문화'에 대해 생각해본 다음, 계속해서 신종교의 생명주의적 선악관에 대해서도 언급하기로 하자.

어떻게 그토록 '태연한 얼굴의 악'을 행할 수 있었을까? 그 대답의 실마리로 먼저 '성의 문화'에 대한 고찰이 필요하다. 여기서 우리는 객관성을 중시하는 주자학의 경(敬)사상이 일본에서는 주관적, 주정적인 성(誠) 일변도로 바뀌었으며 그리고 그 과정은 곧 주자학적인 보편적 리(理)의 부정과 일치한다는 점에 주목하지 않을 수 없다. 일본에서 성(誠, 마코토)은 리(理)의 부정으로 이해되었다. 여기서 일본인이 관념한 '마코토'의 특징은 ① 보편적 원리로서의 리(理) 개념과는 무관한 내적 필연성이 강조되며 ② 순수하게 자기를 잊고 전체성에 귀일하는 주관적 심정에 입각하여 ③ 기존 질서에 순응하면서 주어진 일에 최선을 다하여 몰입하는 태도로 요약될 수 있다.[88] 이런 마코토의 문화에서는 악의 문제가 시비를 가리는 리(理)의 문제로 인식되는 일이 거의 없으며, 인류학자 베네딕트Ruth Benedict의 표현을 빌리자면, 악의 문제와 정면으로 대결하는 자세가 희박하다. 또한 마코토의 문화에서는 종종 상위 질서——천황, 지도자, 교조 등——에 대한 무조건적인 충성이 당연시되며, 리(理)와 같은 원리적인 거대 담론을 전제로 하지 않기 때문에 상위 질서의 도덕적 결함을 견제할 메커니즘이 결여되기 쉽다. 따라서 종종 집단적인 악에 무자각적으로 동원될 수 있는 위험성이 항상 있다.

주지하다시피 베네딕트는《국화와 칼》(1946)에서 서구 유대-기독교 전통의 '죄의 문화'에 대비하여 일본 문화를 '치의 문화'로 규정한다. 이때 '죄의 문화'에서 도덕의 원동력이 죄책감이라고 한다면, '치의 문화'에서는 수치심 또는 치욕감이야말로 모든 덕목의 근본으로 간주된다.[89] 이와 같은 '치의 문화'에서 사람들은 자신의 행동에 대한 세평에 유난히 신경을 곤두세우며, 설령 악을 행한다 해도 그것이 세상에 알려지지 않는 한 크게 걱정하지 않는다는 것이다.[90] 그런 만큼 치의 문화에서는 악의 역설이 꽃피울 공간이 더 확장될 수 있는 여지가 있다. 예컨대 죄의 문화가 비교적 분명하게 선악의 기준을 설정하고 있는데 반해, 치의 문화에서는 구태여 그럴 필요성을 느끼지 않는다. 중요한 것은 마코토의 태도이며 철저히 마코토를 사는 한, 치욕감으로 인해 분노하는 일은 있을지언정 서구적 의미에서의 죄책감에 시달리는 일은 별로 없다. 옴 사건의 경우, 그것이 악인 줄 모르지 않으면서도 교조에 대한 무조건적인 복종에 입각하여 자행한 '태연한 얼굴의 악' 뒤에 이와 같은 '성의 문화'와 '치의 문화'가 있었다고 말하면 지나친 억측일까?

한편 이미 앞에서 말했듯이, 신도의 경우 악은 생명력의 쇠퇴, 곧 탁해진 상태를 뜻할 뿐, 절대적인 악의 실체가 말해지지는 않는다. '본래 악이란 없다'는 명제로 요약될 수 있는 이와 같은 사유 경향은 일본 신종교에서도 매우 구체적인 형태로 나타난다. 일본 신종교의 교리에서는 일반적으로 우주 또는 신과 동일시되는 '근원적 생명'이라 할 만한 신앙 대상이 중요시된다. 종교학자들은 이런 세계관을 '근원적 생명'과의 조화를 추구하는 '생명주의적 구원관'[91]이라고 부르기도 한다. 그와 같은 생명주의적 세계관에 의하면, 선이란 우주가 생명력(활력)에 가득 차 있어 전체가 조화를 이루는 상태를 가리키며, 이에 반해 악이란 생명의 부정, 즉 우주만물이 활력과 조화를 잃어버림으로써 생성력이 쇠약해지고 그 결과 '근원적 생명'의 발현과 개화가 저해되는 상태를 지칭한다. 그러니까 본래 악이란 존재하지 않으며, 쇠퇴한 생명력과 상실한 조화를 회복하기만 하면 모든 악은 저절로 사라지게 된다는 것이다. 예컨대 앞에서 말한 천리교(天理敎)의 경우를 생각해보자. 천리교의 '여덟 가지 먼지'에 관한 교리에 의하면, 인간의 마음에는 서운해하는 마음, 소유욕, 증오, 편애, 원한, 성마름, 욕망, 교만한 마음 등의 여덟 가지 먼지가 끼기 쉬우며 이 먼지들이야말로 온갖 질병과 불행의 원인이므로 마음에 낀 먼지를 깨끗이 털어내면 악이란 저절로 사라질 거라고 말한다. 말하자면 이는 악이란 일종의 먼지 같은 것으로서 털어내면 그만이며 본래 악이란 존재하지 않는다는 발상이다. 일본 신종교 사상과 수행체계에 널리 엿보이는 이런 옵티미즘적인 발상은 흔히 현세 중심주의적 사유와 맞물려 있다. 그러나 옴진리교는 그와 같은 현세 중심주의에서 벗어나 현세 부정적인 경향을 표출하는 신신종교의 전형적 교단이다. 옴진리교의 신자들은 '본래 악이란 없다'라는 악의 역설을 다시 한번 전도시켜 '현대 세계는 악마의 에너지 즉 큰 악이 지배하고 있다'는 종말론[92]을 내세우면서 '큰 악을 작은 악으로 없앤다'는 포아적 역설로 무장하고 태연한 눈빛으로 가공할 만한 폭력을 거리낌없이 실행에 옮겼던 것이다.


## 3. 내 안의 옴진리교

옴 사건이 발생했을 당시 나는 도쿄의 현장 근처에 있었고, 이후 이 사건과 관련하여 텔레비전, 신문, 잡지 등의 매스 미디어를 통해 흘러나오는 일본 역사상 전무후무할 정도의 대량 정보를 수시로 접할 수 있었다. 사건이 발생한 몇 달 후 한번은 일본의 한 종교 연구자에게서 한국에서라면 옴 사건 같은 것이 일어날 수 있었겠느냐는 질문을 받은 적이 있다. 그때 나는 그 자리에서 "한국에서라면 있을 수 없는 일일 것"이라고 대답했다. 그런 대답에 대해 동석했던 몇몇 일본 연구자들의 당황해하던 표정이 지금도 잊혀지지 않는다. 그 후 몇년이 지난 지금 나는 그 당시 나의 단호한 대답이 과연 얼마만큼 타당했는지에 대해 자문하고 있다. 아마도 지금이라면 이렇게 대답할 것이다. "글쎄요, 한국 사회도 일본 사회만큼 정보화가 진전된다면 그런 일이 일어날 수도 있겠지요"라고. 물론 앞에서 살펴보았듯이 옴 사건은 일본 특유의 사회 시스템과 종교적 에토스가 낳은 산물임이 틀림없다. 하지만 그것만으로는 다 설명이 되지 않는 어려운 점이 있는 것도 사실이다. 현대 정보화사회의 특징 중 하나가 지리적, 문화적, 인종적 경계의 파괴인 만큼, 어디에서든 정보화나 소비사회화가 진전됨에 따라 옴 사건 같은 것이 다시 재현될 수도 있기 때문이다. 과연 우리는 정보와 폭력의 상관관계를 부정하기 힘든 시대에 살고 있다. 여기서 정보라고 할 때 그것은 일차적으로 윤리학적, 의미론적 차원이 제거된 수학적 정보, 즉 해석과 의미가 배제된 물질과 에너지의 흐름 또는 유형을 가리킨다. 이런 수학적 정보는 역설이 자연스럽게 기생하는 곳으로서, 무한히 복제 가능한 활동이자 삶의 형식이며 관계이다. 현대 정보이론의 창시자라 일컫는 클로드 샤논 Claude Shannon은 정보를 '불확실성의 환원'이라고 정의내린다. 다시 말하자면 정보가 수행하는 환원은 불확실하고 따라서 불필요한 실체들을 제거하고 배제함으로써 수학적인(숫자적인, 디지털적인) 확실성을 확보하고자 하는 경향성을 내포한다는 말이다.[93] 이 점에서 불가시적 폭력을 증대시킬 위험성과 더불어, 정보는 기본적으로 폭력의 가능성과 연관지어져 있음을 예측할 수 있다.

가상과 현실 사이의 벽이 허물어지고 있는, 그리고 가상이 오히려 진짜 현실처럼 행세하기 시작한 현 상황에서 어쩌면 종교는 만화같이 그로테스크한 폭력의 가능성을 다른 어떤 문화체계보다도 더 많이 내포하고 있는지도 모른다. 비단 불교의 인식론뿐만 아니라 종교는 가상과 현실의 벽을 넘나드는 독특한 감각을 발전시켜왔다. 그런 감각이 현대 정보화사회가 배양하는 디지털 감각과 일치되는 바로 그곳에서 옴진리교의 폭력이 분출되었다고 본다면 지나친 억측일까? 그것이 억측이 아니라면, 옴 사건이 우리와 전혀 무관하다고 말할 수는 없을 것이다. '인드라의 망'은 더 이상 불교만의 메타포가 아님을 인식해야 할 때가 왔다. 과연 우리 모두는 내장까지 서로 얽혀 있는 것이다. 이 점이야말로 정보화사회에서 종교와 폭력의 문제를 생각하는 출발점이자 이정표가 될 만할 전제라 할 수 있다.

　모든 문화가 종교에서 비롯되었고 또 종교는 다름아닌 폭력에서 유래한 것이라고 주장하는 르네 지라르René Girard의 통찰력을 빌리지 않더라도, 우리는 이미 신의 이름, 사랑의 이름, 종교의 이름으로 자행되어온 수많은 폭력의 사례들에 익숙해져 있다.[94] 그러나 현대의 정보화사회는 옴진리교가 그러했듯이 가시적인 폭력에 더하여 가상의 현실화를 통한 불가시적 폭력(클론화)의 무한 팽창을 조장한다는 점에서 우리에게 폭력을 근본적으로 재성찰할 것을 요청하고 있다. 이는 "옴 사건이 아직도 도처에서 그리고 바로 내 안에서 모의 또는 진행중이지는 않은가?"라는 물음을 던져야만 할 한 가지 이유를 제공해준다.


## 4. 현대 일본 사회와 신종교

　현재 일본 사회는 문화청에 종교법인으로 등록된 것만 해도

18만 3천여 단체를 넘어설 정도로 가히 종교 박물관이라 할 만하다. 그 중 어느 정도 명확하게 신종교로 분류될 수 있는 교단 수는 350여 개 정도이지만, 신자 수로 따지자면 일본 전체 인구의 약 10%에서 많게는 20% 가량을 차지한다고 한다. 현대 일본 사회는 실로 '신종교의 시대'라고 불릴 정도로 신종교의 교세와 활동이 두드러지며, 창가학회, 입정교성회, 영우회(靈友會), 생장의 가(生長の家), 행복의 과학, PL교단 등 수백만 명의 신자를 확보하고 있는 대형 교단이 많이 발달되어 있다. 그럼으로써 신종교는 일본의 신도나 불교 또는 기독교가 담당하고 있지 못한 내면적 신앙의 욕구를 충족시켜주고 있는 듯이 보인다. 신종교의 무엇이 이런 역할을 가능하게 만든 것일까? 일본의 신종교들은 공통적으로 토착적인 민속신앙에 입각하여 신도, 불교, 도교──경우에 따라서는 기독교──의 교의와 신격 및 의례를 유연하게 수용하는가 하면, 에도시대의 석문심학(石門心學)[95]과 같은 민중적 수양도덕의 전통이라든가 미륵신앙의 전통 등도 거리낌없이 섭취하면서 신 앞에서의 보편적 평등, 우주적 대생명과의 일치, 마음의 변혁 등을 주장하고 있다. 그럼으로써 물질적으로는 풍요를 달성했으나 정신적인 빈곤을 느끼는 현대 일본인들에게 설득력 있게 다가서고 있는 것이다.

　그러나 바로 앞에서 살펴보았듯이, 현대 일본 사회는 옴진리교라는 덫에 걸리고 말았다. 덫에 걸린 일본 사회가 토해낸 신음 가운데 '그럼에도 불구하고 살아라'는 멘트가 있다. 옴 사건 이후 한때 일본 젊은이들 가운데 유행어처럼 번진 이 멘트는 바로 애니메니션의 거장 미야자키 하야오(宮崎駿) 감독의 〈모노노케 히메(원령공주)〉에 나오는 말이다.[96] 이때 '그럼에도 불구하고'와 '살아라'라는 수사학의 사이에는 현실을 미완의 과제로 파악하는 감각이 짙게 배어 있다. 옴 사건 후의 일본 사회가 어디로 나아갈지 도무지 감이 잡히지 않는 현 상황에서 이 책의 결론을 내려야 한다는 것은 나를 무척이나 곤혹스럽게 만든다. 적어도 일본에 관해서만은 성급하게 어떤 결론을 내리고 싶지 않기 때문일까? 그렇다면 〈모노노케 히메〉를 말하는 것으로 미완의 결론을 대신해보자.

# 미완의 결론

그럼에도 불구하고
살아라

## 1. 모노노케 히메에 관한 단상

1997년 스티븐 스필버그 감독의 〈주라기 공원〉이 일본에 개봉되어 5백만 관객을 동원했다. 그런데 같은해 일본 내 250여 개 극장에서 상연된 미야자키 하야오 감독의 애니메이션 〈모노노케 히메〉는 몇 달 안 돼 〈주라기 공원〉의 기록을 훌쩍 뛰어넘었고 천 3백 54만여 명의 관객을 동원함으로써 일본 영화사상 신기록을 수립했다. 뿐만 아니라 〈모노노케 히메〉는 같은 해 미국을 비롯한 서구 각국에서 개봉되어 놀랄 만한 반향을 일으킨 후 지금까지도 그 열기가 사그라지지 않고 있다. 〈모노노케 히메〉의 무엇이 그렇게 일본인과 서구인들의 가슴을 울린 것일까? 미야자키 감독은 〈바람계곡의 나우시카〉(1984)와 〈이웃집 토토로〉(1988)를 비롯하여 〈미래소년 코난〉(1978), 〈천공의 성 라퓨타〉(1986), 〈마녀 우편배달부〉(1989), 〈붉은 돼지〉(1992), 〈귀를 기울이면〉(1995)이라든가 가장 최근의 〈센과 치히로의 모험〉(2001)에 이르기까지 수많은 문제작들을 발표함으로써 오늘날 저패니메이션 Japanimation의 대부로 불리고 있다. 그의 대작 〈모노노케 히메〉(1997)는 과연 일본 애니메이션 최대의 블록 버스터이며 당대 세계 제일의 화제작이라 할 수 있다. 그는 이 애니메이션 제작을 위해 16년간의 구상과 3년간의 작업 과정을 거쳤다고 한다. 한 편의 만화영화를 위해 엄청난 시간과 열정과

거액이 투자된 그리하여 수천만 사람들의 감동을 이끌어낸 〈모노노케 히메〉의 의미는 지금 우리에게 무엇인가?

(1) 그림 바라보기—다타리가미의 분노

가마쿠라(鎌倉)시대의 중세적 체제가 붕괴되고 바야흐로 근세로 진입해 들어가기 직전의 혼란스러웠던 14~16세기 무로마치(室町)시대, 사무라이들은 총포를 만들기 위해 철을 확보하는 데 혈안이 되어 있었고, 제철에 필요한 연료 조달을 위해 태고의 원시림들이 하나 둘씩 사라져가기 시작할 무렵, 혼슈(本州) 북일본의 원주민 에미시 족 마을에 어느 날 무시무시한 형상의 거대한 멧돼지가 돌진해온다. 온갖 저주와 불행과 죽음을 가져오는 이 멧돼지를 사람들은 다타리가미(재앙의 신)라고 불렀다. 에미시 왕족의 후예이자 미래의 지도자가될 소년 아시타카는 마을을 지키기 위해 이 다타리가미와 맞서 싸워 쓰러뜨린다. 다타리가미는 죽어가면서 이렇게 외친다. "너희 더러운 인간들아, 나의 고통과 증오를 알아야 해." 이 다타리가미의 저주를 받은 아시타카는 그 저주를 풀기 위해 숲의 신 시시가미가 살고 있다는 서일본의 원시림을 향해 길을 떠난다. 이윽고 그 숲에 도착한 아시타카는 늑대신 모로의 젖을 먹고 자란 소녀 산(모노노케 히메)을 만난다. 그러나 아시타카는 곧 새로운 제철 기술을 위해 숲을 파괴하는 여걸 휴머니스트 에보시와, 불로장생의 힘을 얻기 위해 시시가미의 목을 노리는 승려 지코 그리고 이들로부터 숲과 시시가미를 지키려는 산 사이에서 벌어지는 극적인 싸움에 말려들고 만다. 결국 지코는 에보시를 이용하여 시시가미의 목을 얻는 데 성공하지만, 시시가미의 분노가 폭발하여 숲과 마을 전체가 절멸 위기에 빠진다. 하지만 아시타카의 활약으로 시시가미는 다시 자신의 목을 찾고 그리하여 죽었던 숲이 되살아난다. 그 숲을 바라보며 등장인물들은 이렇게 말한다.

산 : 그렇지만 이건 더 이상 시시가미의 숲이 아니야. 시시가미는 죽었어.

아시타카 : 시시가미는 절대 죽지 않아. 왜냐하면 시시가미는 생명 그 자체니까. 시시가미는 생명과 죽음 모두를 가지고 있어. 시시가미는 내 귀에다 대고 "살아야 해!"라고 속삭였었어.

산 : 아시타카, 널 사랑해. 하지만 인간들은 용서할 수 없어.

아시타카 : 그럼 넌 숲에서 살고 난 제철소 마을에서 살기로 하자. 우린 함께 살아가는 거야. 종종 널 보러 산으로 갈게.

에보시 : 모든 걸 다시 시작하자. 이 마을을 더 살기 좋은 곳으로 만드는 거야.

지코 : 졌다, 졌어. 바보들한텐 못 당한다니까.

(2) 그림 속으로 들어가기—일본적인, 너무나 일본적인

대충 이런 줄거리로 진행되는 〈모노노케 히메〉는 미야자키 감독의 다른 작품들과는 달리 일본적인 색채가 짙게 나타내고 있다. 거기서 우리는 일본 문화의 심층에 흐르는 정신적 코드 몇 가지를 읽어낼 수 있다. 예컨대 신도적 애니미즘의 정조에 입각한 숲의 사상이라든가 일본인 특유의 원령 관념 등이 그

것이다. 먼저 숲의 사상에 대해서 생각해보자. 미야자키의 작품에는 주된 배경으로 숲이 많이 등장한다. 숲은 때때로 아예 작품의 주제가 되기도 한다. 〈모노노케 히메〉라든가 〈이웃의 토토로〉가 그 대표적인 사례라 할 수 있다. 이때 〈모노노케 히메〉에 나오는 시시가미의 원시림이 카오스의 숲이라면 토토로의 숲은 코스모스의 숲으로 비유될 수 있겠다. 일본의 전통적인 전원풍경을 상징하는 토토로의 숲은 신도의 숲을 상기시킨다. 신도의 숲을 나타내는 말에 '진쥬(鎮守)의 숲'이라는 표현이 있다. 진쥬란 마을의 수호신사를 뜻한다. 에도시대에 완성된 향촌제에서는 무라(村)라 불리는 마을 공동체별로 신도의 수호신을 모셨고, 그 수호신과 주민 사이에는 우지가미(氏神)와 우지코(氏子) 또는 우부스나가미(産土神)와 우부코(産子)의 관계가 형성되었다. 마을의 한가운데 있는 신사인 진쥬가 바로 이때의 우지가미 또는 우부스나가미와 동일시된 것이다. 토토로의 숲이 이처럼 우지가미를 중심으로 하는 질서 잡힌 코스모스의 숲을 표상하는 거라면, 시시가미의 숲은 어떨까? 사실 시시가미가 사는 숲은 일본 지도에서 눈을 씻고 찾아봐도 나오지 않는다. 그 카오스의 숲은 다름아닌 일본인의 마음과 기억 속에 살아 있는 숲이기 때문이다. 《숲의 사상이 인류를 구한다》(1995)에서 신도를 숲의 사상이라고 규정하면서 그런 신도를 일본인의 정체성으로 내세운 우메하라 다케시(梅原猛)에 의하면, 그 숲은 조오몽 시대까지 거슬러올라가는 원시적 생명력의 숲이다. 〈모노노케 히메〉는 이런 신도의 숲에 대해 일본인들이 품고 있는 무의식적인 기억을 건드림으로써 크게 히트할 수 있었던 것이다.

이번에는 일본인의 원령 관념에 대해 잠시 생각해보자. 〈모노노케 히메〉는 우리에게 〈원령공주〉로 번역되어 알려져 있다. 이때 '히메(姬)'는 '공주'라 해도 무난하지만, 원래 '모노노케(物の氣)'란 산 사람에게 들러붙어 괴롭히는 사령 또는 생령을 의미한다. 그런데 이걸 '원령'이라고 번역한 데에는 이유가 있다. 그 이유를 알면 우린 〈모노노케 히메〉를 통해 의외로 일본인과 일본 문화에 대해 많은 것을 이해할 수 있게 될 것이다.

중세 이래 일본에는 생전에 원한을 품고 죽은 귀족이나 왕족이 사후에 탈이나 재앙을 일으키는 걸 막기 위해 사령을 신으로 모시는 관습이 있었다. 이를 통상 어령(御靈)신앙 또는 원령신앙이라고 한다. 다시 말해 이는 정치적 분란이나 전란, 사고, 자연재해, 역병 등으로 생전에 한을 품고 죽거나 비명사한 자의 원령이 산 사람을 괴롭히고 여러 재앙을 불러온다 하여 두려워한 민간신앙이다. 이런 원령신앙의 흔적은 지금까지도 일본 사회에 진하게 남아 있다. 이를테면 원령신앙은 현대 일본인들에게 매우 친숙한 기타노(北野) 신사, 노(能)라든가 가부키(歌舞伎)와 같은 전통 예능, 야스쿠니 신사 등과 밀접한 관련성을 가지고 있다.

우리 나라는 매년 대학 입시철이 되면 여러 가지 진풍경이 연출되는데 일본도 만만치 않다. 가령 입시철이 가까워오면 일본 전국에 산재한 기타노 신사에는 합격을 기원하는 사람들로 대만원을 이룬다. 말하자면 기타노 신사에 가서 기원을 올리면 특별히 대학 합격에 효험이 좋다고 하는 관념이 널리 퍼져 있는 것이다. 왜 그렇게 되었을까? 그것은 기타노 신사에 모셔져 있는 학문의 신 때문이다. 그런데 이 학문의 신은 다름아닌 헤이안 시대에 실제로 살았던 역사적인 인물 스가와라노 미치자네(菅原道眞, 845~903)의 원령이다. 당시 우정승이었던 미치자네는 좌정승에 의해 누명을 뒤집어쓰고 억울하게 쫓겨났다가 유배지에서 죽었다. 이후 좌정승 가문에 급사하거나 벼락 맞아 죽는 자가 끊이지 않는 등 갖가지 재앙이 발생하자 사람들은 그 재앙을 미치자네의 원령이 일으킨 것이라 생각하여 공포에 떨었다고 한다. 그리하여 미치자네의 원령을 신으로 모시는 사당이 생겨났고 그것이 기타노 신사로 발전한 것이다. 요컨대 현대 일본인들에게 인기 만점인 기타노 신사의 주역은 미치자네라고 하는 역사적인 인물(항간에는 그가 한국계라는 주장도 있다)인데, 그는 한편으로 당대의 탁월한 학자였고, 이런 그의 학문적 재능을 높이 기리는 일본인들이 그를 '학문의 신'으로 모시게 된 것이다. 하지만 오늘날 미치자네가 원령신앙을 낳은 주인공임을 아는 일본인은 그리 많지 않다.

한편 야스쿠니 신사와 원령신앙의 관계는 제3장에서 다루었으니 넘어가기로 하고 노와 가부키에 대해 간단히 지적해보자. 일본의 전통 가면극인 노의 주인공으로는 사무라이, 신령, 사령, 정령, 노인 등이 자주 등장한다. 노의 줄거리는 이 주인공들이 세상에 남긴 원한과 생존시의 활동상을 연기하다가 사라지는 패턴으로 진행된다. 이때 주인공은 원한의 감정을 마음껏 토로한다. 또한 일본 근세에 성행한 전통 연극으로서 가부키라는 것이 있다. 그 중 가장 유명한 작품으로 〈츄신구라(忠臣藏)〉를 들 수 있다. 이 가부키는 다양한 버전으로 창작되어 오늘날에도 연극뿐만 아니라 영화나 드라마로도 끊임없이 방영될 만큼 일본인들에게 인기가 있다. 〈츄신구라〉의 줄거리는 분하게 죽은 주군의 원한을 풀어주기 위해 47명의 사무라이들이 원수를 차례로 죽인 역사적 사건을 배경으로 삼고 있는데, 여기서도 우리는 원령신앙의 변형된 형태를 엿볼 수 있다.

(3) 다시 그림 바깥으로—상생의 타자론

〈모노노케 히메〉의 배경에는 이처럼 일본적인, 너무나 일본적인 정신인 원령신앙과 같은 전통적인 민간신앙과 신도의 숲에 대한 뿌리 깊은 동경이 담겨 있다. 그런데 〈모노노케 히메〉에 숨어 있는 진짜 메시지를 담아내기에 일본이란 기호는 너무 협소하다. 〈모노노케 히메〉에는 무거운 역사와 가벼운 문화의 차이를 단번에 뛰어넘는 보편적인 메시지가 내장되어 있기 때문이다. 그것은 자연 본성에 대한 성찰, 억압받는 자들의 저항, 유토피아 추구, 사랑의 참된 의미와 관련이 있다.

예컨대 〈모노노케 히메〉는 문명 건설을 위해 자연 파괴를 합리화해온 인간 역시 에코 시스템의 자연에 속해 있음을 강렬하게 상기시켜준다. 이와 관련하여 미야자키 감독은 신사를 더 많이 세우자고, 지브리 스튜디오의 다음 사업은 신사를 세우는 일이라는 농담 같은 진담을 제안하기도 했다. 그게 바로 일본이 직면한 환경문제를 해결하는 길이라는 것이다.[97] 그런데 그런 에코 시스템의 가상공간에는 제철소의 성주 에보시로 상징되는 문명, 그 문명의 자연파괴로부터 숲을 지키고자 증오의 사막을 키우는 산(모노노케 히메) 그리고 제철소와 숲, 문명과 자연, 인간과 동물, 인간과 신의 평화로운 공존을 호소하는 아시타카가 각기 동일한 비중으로 저마다의 고유한 가치 영역을 확보하고 있다. 하지만 그런 이질적인 세계들은 선과 악의 단순한 이항대립으로 설명될 수 없는 복잡한 대립의 중층성을 보여준다.

이로써 〈모노노케 히메〉는 타자(이질적인 세계)의 존재를 어떻게 받아들여야 하는가 하는 타자론의 관점을 시사해주고 있다. 그것은 타자를 자기에게 동화시키는 것이 아니라, 산은 숲에서 살고 아시타카는 마을에 남는다는 작품의 결말부에서처럼, 타자가 타자대로 남아 있으면서 서로가 서로를 살리는 상생(相生)의 타자론을 지향한다.[98] 선과 악을 확정적인 이항대립으로 고정시키는 문화에서는 이런 상생의 타자론이 설 자리가 없을 것이다. 사실 선과 악의 절대적이고 영원한 말뚝은 존재하지 않는 것 같다. 그런 말뚝이 세워진 곳은 다름아닌 서로가 서로를 죽이는 상극(相剋)의 세상이다. 그러나 〈모노노케 히메〉는 단순히 교과서적인 윤리의식에 입각하여 생태학적인 위기감을 묘사한 애니메이션이 아니다. 물론 우리가 에보시, 산, 아시타카 중에서 누가 옳다고 생각하든 그것은 전적으로 우리의 자유다. 하지만 흥미롭게도 미야자키 감독은 정작 누구의 편도 들지 않는다.

그는 1993년 《애니메니카》 지와의 인터뷰에서 이렇게 토로한다. "난 자신의 옳음을 줄줄이 늘어놓는 사회를 좋아하지 않는다. 미국의 정당성, 이슬람의 정당성, 중국의 정당성, 이런 저런 민족집단의 정당성, 그린피스의 정당성……이들은 모두 자신의 정당성을 주장한다. 하지만 그들은 결국 자신의 잣대를 가지고 타자에게 그걸 강요하고 있다." 옳고 그름을 분명하게 가리는 유교문화의 습성에 젖어 있는 우리로서는 이런 미야자키 감독의 태도가 썩 맘에 들지 않을 수도 있다. 하지만 그렇다고 해서 이런 태도가 비윤리적이라고 섣불리 단정지어서는 안 된다. 다시 한번 그의 발언에 귀 기울여보자. 그는 1994년 BBC가 제작한 다큐멘터리에서 오존층 파괴, 에이즈, 국제 난민 문제, 대기 및 대양의 오염에 대해 언급하면서 이렇게 말했다. "우린 21세기가 어떤 세상이 될지를 분명하게 내다볼 수 있다. 이런 카오스 안에서 우리 자신과 우리 아이들이 어떻게 살아갈 수 있을지 모르겠다. 우린 우리 자신에 대해 물음을 던지지 않으면 안 되는 그런 시대에 살고 있다. 이런 상황에서 우린 영화를 만든다. 예전 같은 방식으로 영화를 만들어서는 안 된다."[99]

그는 분명 현대 세계가 앓고 있는 지독한 질병의 난해성을 충분히 이해하고 있는 듯하다. 그 질병은 본질적으로 사막의 질병이다. 너무 오랫동안 낙타도 오아시스도 존재하지 않는 그런 사막의 질병을 앓아온 현대인들은 갈수록 증오와 폭력과 분노로 무장하고 있다. 미야자키 작품의 최대 테마는 "우리가 과연 증오를 극복할 수 있을까?"라는 물음에 있다.[100] 이 세상은 온갖 원한들로 가득 차 있다. 사람들은 자기 안에 들끓는 알 수 없는 증오와 분노를 어떻게 제어해야 할지 몰라 당혹스러워한다. 누구나 그런 걸 품고 산다. 〈모노노케 히메〉의 다타리가미라는 캐릭터는 바로 이런 증오와 분노를 표상하고 있다. 그 다타리가미의 저주에서 자유로울 수 있는 자는 아무도 없다. 우리는 다만 《어린 왕자》에 나오는 사막의 여우를 기억할 뿐이다. 어린 왕자가 불시착했던 사막의 여우는 이렇게 말했다. "정말 중요한 것은 눈에 보이지 않아!" 그러나 그런 어린 왕자의 사막은 현실 어디에도 보이지 않는다. 지금 우리가 사막에 대해 알고 있는 것은 처절한 고독과 싸늘한 달그림자와 태양의 광기와 달궈진 모래알의 열병 같은 것들이 고작이다. 우린 모두가 그런 사막의 질병을 앓고 있다. 너무 차가운 무관심과 너무 뜨거운 욕망의 상승 기류에 휘말려 사막의 모래바람으로 화해가고 있는 것이다.

어떻게 해야 하나? 숲이 우리를 치유해줄 수 있을까? 숲으로 들어가면 거기에 푸른 이파리들의 희망이 아직도 숨쉬고 있을까? 그 잎새들의 수액 사이로 다시 흐를 수 있을까? 어쩌면 시시가미의 운명이 하나의 대답을 암시해주는 듯싶다. 문명에 의해 잘려나간 목, 그 선연한 얼굴과 슬픈 눈빛을 되찾기 위해 암적색 포말로 모든 문명과 자연마저도 무화시키려 했던 시시가미. 그럼에도 불구하고 시시가미는 우리에게 '살아야 한다'고 속삭인다. '그럼에도 불구하고 살아야 한다'는 말, 그것이 과연 사막의 에이즈를 앓고 있는 우리에게 남아 있는 유일한 치유의 언어인지는 잘 모르겠다. 하지만 한번만

이라도 좋으니 기꺼이 바보가 되어보자. 오아시스 대신 종이
낙타를 접어 내 안의 사막을 두벅두벅 가로지르는 바보가 되
어보자는 것이다.


## 2. 나오는 말

이제 그런 바보의 눈으로 지금까지의 이야기를 정리해보자.
첫째, 일본에 대해 우리는 많은 '전제'들을 가지고 있다. 그
중 적지 않은 부분은 아마도 선입견이나 편견일 것이고 또 어
떤 부분은 타당한 이유가 있을 것이다. 하지만 설혹 타당한
이유가 있는 전제라 할지라도 거기에 안주해서는 안 될 것이
다. 예컨대 일본 신화는 정치신화임이 틀림없다. 그것은 일본
신화를 말할 때 빼놓을 수 없는 전제 중 하나이다. 그러나 거
기에만 머무르면 일본인의 신화적 상상력을 읽어낼 수 없다.
일본 신화가 천황제 이데올로기에 의해 이용당한 전력을 가진
정치신화라는 전제를 안다는 것과, 그런 전제를 넘어서서 일
본인의 신화적 상상력을 읽어낸다는 것은 양자택일의 문제가
아니다. 어떤 전제를 넘어선다는 것은 항상 '인간'에 대한 상
상력의 확장을 의미하기 때문이다.
둘째, 앞에서 반복해서 다룬 선악의 역설도 마찬가지다. 절
대적인 선도 절대적인 악도 없다든가, 악이란 본래 존재하지
않는다든가 하는 다양한 형태의 상대주의적 선악관은 비단 신
도나 국학뿐만 아니라 일본 유학과 일본 불교 및 일본 신종교

그리고 근대 일본의 사상과 현대의 대중문화 속에서도 찾아볼 수 있다. 그런 상대주의적 선악관은 선악의 역설을 여과없이 그대로 노출시키고 있다는 점에서 옴 사건의 정신적 배경과 일맥상통하는 구석이 있다. 이 또한 하나의 전제이다. 하지만 그 전제는 그것을 넘어서서 '내 안의 옴진리교'를 고민하는 자각이 없다면 아무런 의미가 없다. 어찌할 수 없는 선악의 문제는 아마도 '천국과 지옥의 결혼'(윌리엄 블레이크)을 살지 않을 수 없는 인간의 역설 그 자체일 것이기 때문이다. 이역설은 언제 어디서든 인간에게 붙어 있다. 또한 그것은 나의 바깥뿐만 아니라 내 안에 기생하면서 세포분열하고 있다. 내가 그것을 거부할 때 그것은 암세포가 되어 내게 복수하려 든다. 내가 그것을 받아들일 때 그것은 종종 나를 인형처럼 만들어버린다. 인간은 주어진 각본대로 무대 위에서 삶을 연기하는 배우일 뿐이라는 고백(셰익스피어)이나, 인간은 다만 인형일 뿐이라는 발상(노리나가)은 우리에게도 전혀 낯설지 않다. 우리 또한 일본인들이 느낀 선악의 역설을 함께 살고 있는 것이다.

셋째, 일본의 종교와 사상은 어떤 원리나 원칙[理]보다는 주어진 현실 질서와 현상[事]에 더 많은 가치를 부여함으로써 전체적으로 낙관론적인 성향을 보여주는 측면이 많다. 그런데 이것도 역시 하나의 전제이다. 인간이 과연 옵티미즘만으로 이 잔인한 현실을 견뎌낼 수 있을까? 실은 옵티미즘은 페시미즘의 반대가 아니다. 옵티미즘과 페시미즘은 늘 공존한다. 옵티미즘은 단순한 긍정이 아니다. 옵티미즘을 가벼운 긍정으로 비하시키는 자는 희망에 내포된 또 하나의 의미를 들여다 보려 하지 않는다. 깊이 절망해보지 않은 자는 한 번도 희망을 경험한 적이 없는 자에 가깝다. 설령 무지개 뒤에 기다리고 있는 것이 절망이라 할지라도 우리는 그 무지개를 넘어가지 않으면 안 된다. 판도라의 상자 제일 밑바닥에 갇혀 있던 희망의 의미는 바로 이것이 아니었을까? 일본인의 옵티미즘에서 그런 희망을 읽어낸다는 것, 그것은 주어진 전제를 넘어서 간다는 것을 뜻한다.

넷째, 천년의 신불습합이 하루 아침에 뒤집어지면서 폭발했던 회상의 에너지는 분명 카오스적이고 파괴적인 것이었다. 시시가미가 사는 신도의 숲에도 계율을 파기한 일본 불교의 강에도 그런 파괴적인 에너지가 잠복하고 있다. 하지만 이 또한 하나의 전제라는 사실을 잊지 말자. 그 전제를 넘어설 때 우리는 거기서 카오스가 다른 한편으로는 창조를 위한 원질이라는 진실을 이해할 수 있게 될 것이다. 어떤 전제가 기정 사실로 굳어져 파괴적인 에너지로 타락하지 않도록 끊임없이 그 전제를 넘어서 가기, 그 과정에서 우리가 이를 결론은 항상 미완의 열려진 결론일 수밖에 없다. 일본에 대해서는 더더욱 그렇다.

# 주

1) 이 책의 일부는 이미 발표한 논문이 토대가 되었다. 물론 문체부터 내용까지 수정, 보완했다. 1장은 다음의 논문을 바탕으로 다시 쓴 것이다. 〈아마테라스와 일본의 탄생〉, 《전통과 현대》 15(2001).

2) 노성환 역주, 《고사기》 상·중·하(예전사, 1987/1990/1999).

3) 그러나 720년에 편찬된 《일본서기(日本書紀)》는 이와는 약간 다른 관점에 서 있다. 즉 《일본서기》의 신대권 신화에서 아마테라스는 지상적 왕권 확립과 관련하여 아무런 역할도 하지 않으며 다카마가하라의 세계에 대해서는 아무 언급도 나오지 않는다. 오히려 《일본서기》에서는 최초의 다섯 천신 가운데 하나인 다카미무스비(高御産日神) 및 이자나기와 이자나미 양신이 더 부각되어 있다. 거기서 이자나미는 《고사기》의 기술과는 달리 죽지 않으며 황천에도 가지 않는다. 《고사기》의 편자는 다카마가하라와 그곳의 통치자인 아마테라스를 신화의 중심에 놓았다. 그러나 《일본서기》의 편자는 어떤 이유에서인지 그와 같은 《고사기》의 입장에서 한 발 뒤로 물러나고 있다. 아마도 이는 《일본서기》를 중국풍으로 각색하는 과정에서 생겨난 결과인 듯싶다. 가령 《일본서기》가 《고사기》와는 달리 중국식 한문체로 씌어진 것은 당시 중국을 중심으로 한 동아시아 세계에서 일본인의 자기 정체성 주장을 위해 필요불가결한 것이었는지도 모른다. 《일본서기》가 이자나기와 이자나미의 결합을 음양론의 관점에서 묘사하고 있는 것도 동일한 맥락에서 이해할 수 있을 것이다. 바꾸어 말하면 《일본서기》는 중국이라는 타자를 염두에 두고 일본인의 정체성을 찾고자 한 시도의 산물이었다. 그 결과 원래 한 지방의 토속 농경신이었던 아마테라스에 대한 관심이 《고사기》에 비해 약화될 수밖에 없었던 것이다. 그러나 정작 일본인의 정체성 확립에서 근세 국학이 등장하기 이전까지 지배인 영향력을 행사했던 것은 《일본서기》였으며, 오랜 세월 《고사기》는 문자 그대로

땅에 묻혀 있었다. 《고사기》의 재발견은 천여 년 뒤 모토오리 노리나가(本居宣長, 1730~1801)라는 국학자에 의해 본격적으로 이루어진다.

4) 정진홍, 〈하늘님考 : deus otiosus를 중심으로〉, 《종교학서설》(전망사, 1980), 316~324쪽. 엘리아데는 이 밖에도 데우스 오티오수스의 특징으로 인간의 죄와 고통을 대속하는 구속신이 사라진 신의 자리를 차지한다는 점, 그 과정에서 종종 숨은 신의 형이상학화가 이루어진다는 점, 그러나 어떤 신에게 기도해도 해결되지 않는 궁극적인 위기의 때에 사라진 신의 복귀현상이 나타난다는 점 등을 예시하고 있다.

5) 마르치아 엘리아데, 《우주와 역사》(현대사상사, 1976), 26~34쪽 참조.

6) 佐藤弘夫, 《アマテラスの變貌》(法藏館, 2000), 3~10쪽 참조.

7) 인도네시아 세람 섬의 원주민 신화로 곡물 기원신화의 전형적인 모델이다. 하이누엘레라는 소녀가 있었는데, 신기하게도 똥만 싸면 각양각색의 보석으로 변했다. 그녀는 이 보석들을 사람들에게 나누어주었는데, 사람들은 오히려 이를 불쾌하게 여겨 급기야 소녀를 생매장해 살해하고 만다. 그 후 소녀의 부모가 딸의 시체를 파내어 여러 조각으로 토막낸 다음 그 조각들을 각각 다른 장소에 묻었다. 그랬더니 거기서 각각 여러 종류의 곡물들이 생겨 나와 사람들의 식량이 되었다는 이야기다.

8) 마르치아 엘리아데, 《종교의 의미》(서광사, 1990), 171~174쪽 참조.

9) 조셉 캠벨, 《동양신화 : 신의 가면 II》(까치, 1999), 18~19쪽.

10) 坂本太郎(외), 校注 《日本古典文學大系 68 日本書紀 下》(岩波書店, 1965), 154쪽.

11) 사이초가 개창한 일본 천태종의 산노신도설에서는 신도의 가미들을 비롯한 삼라만상이란 모두가 영원히 존재하는 석가여래의 현현이라고 주장했는가 하면, 구카이가 개창한 일본 진언종의 료부신도설에

서는 금강계와 태장계의 대일여래가 가미들의 본체임을 주장했다.

12) 안사이는 국체(國體)와 대의명분을 중시했는데, 이런 국가주의
적 입장은 이후 미토가쿠(水戶學) 및 에도 말기 근왕사상의 원동력이
되는 등 근세 및 근대 사조에 엄청난 영향을 끼쳤다.

13) 나아가 메이지 정부는 1870년 이른바 대교선포(大敎宣布)를 발
하여 신도로 국민을 교화시키려는 신도 포교정책을 실시했다. 이와 더
불어 신사와 신직 제도를 철저히 정비하여 신사와 신관을 모두 국가조
직에 편입시킴으로써 명실공히 국가 신도의 틀이 완성되었다. 이 무렵
종교계에서는 신사가 종교냐 아니냐 하는 논의가 일었는데, 그 결과
신도는 모든 종교(불교, 기독교, 신도교파 13파) 위에 자리매김되게
되었다. 이로써 천황제 이데올로기의 도구였던 국가 신도는 일종의 초
종교로서 국민통합의 구심점 역할을 담당하게 된 것이다.

14) 中村元, 《東洋人の思惟方法 3 日本人の思惟方法》(春秋社,
1962), 64~72쪽.

15) 김용옥, 《여자란 무엇인가》(통나무, 1986), 66~67쪽의 '종착
역 문화론' 참조.

16) 마루야마 마사오, 《일본의 사상》(한길사, 1998), 63~67쪽. 여
기서 나는 옮긴이가 번역한 '생각남'을 '회상'으로 바꾸어 적었다.

17) 이 장은 졸고 〈일본 신도에 있어 선악의 문제 : 모토오리 노리
나가를 중심으로〉, 《종교와 문화》 제3호(서울대 종교문제연구소,
1997)를 토대로 이루어졌다.

18) 고대 일본에서는 신에게 바치는 공물을 '케〔御饌〕'라고 했다.

19) 케, 케가레, 하레의 구조에 관해서는 波平惠美子, 《ケガレの構
造》(靑土社, 1992) 참조.

20) 松本滋, 《本居宣長の思想と心理》(東京大學出版會, 1981), 3~8쪽.

21) 子安宣邦, 《本居宣長》(岩波新書, 1992), 211~213쪽.

22) 百川敬仁, 《內なる宣長》(東京大學出版會, 1987) 참조. 여기서
"내면의 노리나가"란 오늘날까지도 일본인의 마음속에 노리나가와 같

은 모순과 양면성이 내재한다는 점을 시사하는 것이다.

23) 子安宣邦, 〈江戶思想への視點〉, 《江戶の思想1 救齊信仰》(ペリカン社, 1995), 178쪽.

24) 黑住眞, 〈儒學と近世日本〉, 《岩波講座 日本通史 13 近世 3》(岩波書店, 1994), 296쪽.

25) '모노노아하레'에 관해서는, 미나모토 료엔, 《도쿠가와 시대의 철학사상》(예문서원, 2000), 199~203쪽 참조.

26) 丸山眞男, 《日本政治思想史研究》(東京大學出版會, 1952), 274쪽.

27) 강도 프로크루스테스가 포획해온 사람을 자기 침대에 눕힌 뒤, 침대보다 더 길 경우에는 사지를 절단하고 짧을 때에는 잡아 늘였다는 그리스 신화에서 나온 말. 사실 세상 돌아가는 모양을 보면 너무나 자주 '나의 선'으로 모든 것을 재단하는 경향이 있다. 이때 '너의 선'은 거의 의식되지도 않는다. '나의 선'이라는 침대에 맞지 않는 모든 것은 다만 악일 뿐이다. 특히 우리 사회는 이런 오류가 갈수록 심화되고 있는 듯한 느낌이다.

28) 西田幾多郎, 《善の研究》(岩波文庫, 1950), 177~180쪽.

29) 西谷啓治, 《宗敎とは何か》(創文社, 1961), 51쪽.

30) 鈴木大拙, 《日本的靈性》(岩波文庫, 1972), 193~194쪽, 246쪽.

31) '우키요(浮世)'란 원래 중세까지는 '우키요(憂世)'라 하여, 괴로운 일이 많은 이 세상(또는 남녀 사이) 또는 헛되고 무상한 세상(淨土에 반대되는 속세)을 가리키는 말로서, 주로 불교적인 무상관과 결부된 관념이었다. 이것이 근세 이후에는 (1)무엇이든 공허하고 이것이라고 정할 수 없으므로, 심각하게 생각하지 말고 들뜬 기분 그대로 향락을 즐기며 살아가는 세상 (2)남녀간의 연애, 호색, 유곽 (3)사회적 현실생활 (4)당대의 풍속 등 다양한 사회적 관념과 결부된 '우키요(浮世)' 관념으로 전이되었다. 《日本國語大辭典》(小學館, 1972~1976).

32) 丸山眞男, 《日本の思想》(岩波新書, 1961), 12~17쪽.

33) 박규태, 〈신사 : 교조도 경전도 없는 종교〉, 《일본을 강하게 만든 문화코드》16 (나무와 숲, 2000) 참조.

34) 야스쿠니 신사에 관해서는, 박규태, 〈야스쿠니(靖國) 신사와 일본의 종교문화〉, 《종교문화연구》 2(한신대 종교문제연구소, 2000) 참조.

35) 오늘날 일본인에게 가장 널리 알려지고 가장 널리 읽히는 고전 중의 하나로, 신란의 어록을 근거로 하여 통상 제자 유원(唯圓)이 정리 편찬했다고 일컬어지는 이설 비판서이다. 원본은 분실되어 전해지지 않으나 대략 1288년경에 성립되었다고 추정된다.

36) 佐藤正英, 《新註 歎異抄》(朝日新聞社, 1994), 97~98쪽.

37) 佐藤正英, 《新註 歎異抄》, 82쪽.

38) 佐藤正英, 《新註 歎異抄》, 35~36쪽.

39) 佐藤正英, 《新註 歎異抄》, 89쪽.

40) 佐藤正英, 《新註 歎異抄》, 34~35쪽.

41) 中村元, 《東洋人の思惟方法 3 日本人の思惟方法》, 12~19쪽.

42) 淸水紘一, 《キリシタン禁制史》(敎育社, 1985), 66~68쪽.

43) 무로마치시대 말기에 정토진종 신자들이 주도한 농민반란.

44) 아마쿠사 시로의 목은 나가사키에 보내져 효수되었다. 하지만 시마바라 및 아마쿠사 지방에서는 지금까지도 아마쿠사 시로를 그 지역의 수호신으로 모시고 있다.

45) 그리스도나 성모 마리아의 성화가 새겨진 판으로, 매년 정기적으로 새해에 마을 사람들을 전부 집합시켜 하나하나 이 후미에를 밟고 거기다 침을 뱉게 함으로써 기독교 신자들을 가려내고 배교시켰다.

46) 마루야마 마사오, 《일본의 사상》, 67쪽.

47) 이 장은 내가 쓴 두 논문이 토대가 되었다. 〈옴진리교 사건에 비추어본 일본 문화의 '악의 문제'〉, 《일본의 언어와 문학》 제6집(단국 일본연구학회, 2000) 그리고 〈현대 정보사회에서의 종교와 폭력 : 옴 진리교와 '가상의 현실화'〉, 《종교와 문화》 제6호(서울대 종교문제연구소, 2000).

48) 18세기에 특히 대도시를 중심으로 일본 서민사회에 널리 유행했던 신.

49) 중세 이후 온시(御師)라 불리는 신도 포교자가 아마테라스를 숭앙하는 이세 신앙을 전국에 보급함으로써 각지에 이세강(伊勢講)이 조직되는 한편, 일반 민중들의 집단적인 이세 신궁 참배가 유행하기 시작한다. 민중들의 이세 신궁 참배는 에도시대에 이르러 극적으로 전개되었는데, 이를 '이세마이리' 또는 '오카게마이리'라 한다. 1614년과 1624년을 기점으로 하여 에도시대에 걸쳐 약 60여 년의 주기로 반복적으로 발생한 오카게마이리에는 매번 수백만 명(1705년에 350만, 1771년에 200만, 1830년에 480만)의 민중들이 열광적으로 춤을 추면서 이세로 몰려들었다고 한다. 이때 사람들은 집의 어른들이나 직장 상사에게 알리지도 않고 불쑥 뛰쳐나와 여자는 남장을 하고 남자는 여장을 하는 등 일상으로부터의 파격적인 일탈을 감행했다는 기록이 많이 남아 있다.

50) 일본 민간신앙에서 널리 행해지던 주술적인 치병의례. 정면에 '가지대'라 하여 주로 무녀를 앉히고 호마(護摩)를 태우면서 산악행자가 기도를 올리면 병자에 붙어 있던 귀신이 가지대(무녀)에게 옮겨 붙는다고 여겼다. 행자는 가지대가 신들리게 되면 그 신과 문답을 나눔으로써 신의 정체를 확인한 후 쫓아내는 주문을 외운다.

51) 《敎本天理敎敎祖傳》(天理敎敎會本部編, 改訂版, 1986), 1~7쪽.

52) 《金光敎敎典》(金光敎本部敎廳, 1983), 22쪽.

53) 협력자 또는 형제로서의 선신과 악신에 관해서는, Mircea Eliade, *The Two and the One*, trans. by J. M. Cohen(Chicago : The Univ. of Chicago Press, 1962) 특히 제2장 '메피스토펠레스와 양성구유' 또는 '총체성의 신화' 부분을 참조할 것.

54) H. Neill McFarland, *The Rush Hour of the Gods : A Study of New Religious Movements in Japan*(New York : The Macmillan Company, 1967) 참조.

55) 中村雄二郎,《日本文化における惡と罪》(新潮社, 1998), 49쪽.

56) 島薗進,《オウム眞理敎の軌跡》(岩波ブックレット, 1995), 2쪽.

57) 기리야마 세이유(桐山靖雄)에 의해 1954년에 창시된 아함종의 대표적인 수행법. 천 일 동안 매일 일정 시간 공양을 올린다.

58) 옴진리교는 이 히나야나(소승) 수행단계의 대표적인 것으로 사념처(四念處)의 명상을 강조했다. 이는 ① 내 몸은 부정하다(身念處) ② 감각은 고통이다(受念處) ③ 마음은 무상하다(心念處) ④ 법은 무아이다(法念處)라는 네 가지 명상을 말한다.

59) 6바라밀(布施, 持戒, 忍辱, 精進, 禪定)의 실천 및 다양한 요가 수련을 포함한 수행 단계.

60) 《ヴァジラヤーナコース 敎學システム敎本》(宗敎法人オウム眞理敎, 1994), 95쪽을 필자가 요약했다.

61) 《ヴァジラヤーナコース 敎學システム敎本》, 21~22쪽을 필자가 요약했다.

62) 신자 이마에 구루의 손을 대고 성스러운 에너지를 주입하는 의례.

63) 약물을 투입하여 신자의 사고와 기억을 조작, 의식을 상승시키는 의례.

64) 아사하라의 혈액을 신자의 체내에 주입하는 의례.

65) 옴에서 개발한 기계장치(헤드 기어)를 통해 신자의 머리에 전기 자극을 줌으로써 아사하라의 뇌파를 신자에게 부여하는 의례.

66) 가령 초심자는 "나는 옴진리교에 입회해서 기쁘다, 기쁘다"라든가 "나의 의심은 번뇌에서 오는 환영이다. 그러니 의심을 버리자, 버리자" 등, 아사하라의 음성으로 녹음된 테이프나 비디오를 100시간 이상 반복해서 듣거나 보도록 되어 있다.

67) 1988년 옴 교단에서는 예기치 못한 사건이 발생했다. 즉 후지산 총본부 도장에서 수행중이던 재가 신자 한 사람이 소동을 일으켰는데, 이를 진정시키는 과정에서 그가 죽는 사건이 일어났다. 이에 교단은 경찰에 신고하는 대신 사체를 은밀히 처리해버렸다. 그런 처리 과정에

가담했던 한 신자가 회의를 품고 교단을 탈회하려는 뜻을 비추자, 교단의 치부가 드러날 것을 우려한 간부들은 그 신자를 살해하여 암매장하고 말았다. 이런 일련의 사건과 관련하여 간부들 사이에 심적 동요가 일어나는 것을 막기 위해 아사하라는 폭력과 살인을 정당화하는 바지라야나의 교의를 설파하기 시작한 것이다.

68) 《ヴァジラヤーナコース 教學システム教本》, 67쪽을 필자가 요약했다.

69) Ian Reader, *A Poisonous Cocktail? : Aum Shinrikyo's Path to Violence*(Nordic Institute of Asian Studies, 1996), 23쪽.

70) 원래는 이슬람 지배하의 인도에서 힌두교를 통해 불교로 이입된 관념인데, 아사하라는 이것을 티벳밀교에서 중시되던 후기 밀교 경전 《시륜경》에 찾아냈다. 이는 아시아 동북부 어딘가에 있는 '감추어진 계곡'으로 전륜왕인 샴발라 왕이 구세주로 출현하여 최종전쟁에서 이교도들을 쳐부수고 불교의 지배를 확립할 것이라는 신화와 관계가 있다. 아사하라는 이러한 신화적인 이상향을 초능력자들에 의한 이상세계, 시바 신이 통치하며 우주의 진리를 통달한 자만이 들어갈 수 있는 이상세계로 재해석했다.

71) 《限りなく透明な世界へのいざない》(1988) 교단 소개 팸플릿 참조.

72) 1993년 4월경 아사하라는 자신을 재림예수라 하고 임박한 아마겟돈(제3차 세계대전)을 비약의 기회로 간주하면서 무기를 준비하기 시작했다. 이전에 아사하라는 스스로를 샴발라 왕국의 구세주로 여기거나, 걸프전이 발발한 시점에서는 자신을 미제국주의와 싸우는 사담 후세인에 비유하기도 했다.

73) 물론 일본 종교사의 맥락에서 보자면 옴의 천년왕국주의적 종말론은 예외적인 사례에 속한다. 서구나 우리의 경우에 비하자면 일본에서는 천년왕국주의적 종말론이 그다지 많이 나타나지 않기 때문이다.

74) 인도자와 인도된 자가 부모 자식과 같은 정으로 맺어지며, 그 연쇄로서 교단이 확장된 모델. 이는 전통적인 가원(家元)제도의 변형

이라 할 수 있으며, 천리교, 영우회 등 초기 신종교에서 많이 보인다. 이 모델은 A라는 오야코 관계와 B라는 오야코 관계 사이에 소통이 없다는 문제점을 안고 있다.

75) 오야코 모델의 문제점을 개선하기 위해 창가학회, 입정교성회 등 60년대에 대조직으로 발전한 교단의 경우, 지역별 블록 조직으로 형성된 신앙 집단들이 관료조직 및 회사조직과 유사한 관료=업무수행형 조직에 의해 관리되는 모델. 각 소집단 내에서는 횡적 연결이 유지되고 그것을 전국 규모의 상위 조직의 지도자가 관리한다.

76) 島薗進,〈聖の商業化〉,《消費される宗教》(春秋社, 1996), 103~108쪽.

77) 특히 70년대 이후 일본에서는 매스 미디어를 통해 종교에 관한 방대한 양의 정보가 과잉 유포되어왔다. 대표적으로 창가학회, (구)통일교회, 천조황대신궁교, 지우교, 예수의 방주, 행복의 과학 등에 대한 보도를 들 수 있으며, 옴진리교에 대한 정보 전달은 장기간에 걸쳐 양적으로나 관심도에서 최대 정점을 장식했다.

78) 이는 연구자들에 의해 통상 음모 모델이라 불린다. 그런데 음모설은 옴측에서도 나왔다. 가령 현대 세계는 미제국주의에 의해 움직여지고 있다든가, 그 배후에 유대인의 자본과 프리메이슨이 있다는 식의 주장이 그것이다. 또한 옴측은 자기 교단 내에 스파이가 엄청나게 많다고 주장하기도 했다. 이런 음모 모델은 주로 자신이 용납하기 어려운 질서가 있을 때 그것을 외부의 타자에게 전가하고자 할 때 등장한다. 그리고 이러한 음모설은 타자를 다시 자기와 가장 가까운 곳에다 옮겨놓는 역할도 한다. 일본 사회가 옴에 대해 가졌던 공포감도 그런 것이었다. 실제 많은 일본인이 자위대, 경찰, 매스컴 안에 옴 신자가 있다고 생각했다.

79) 大澤眞幸 外,〈オウム・消費・メディア〉,《消費される宗教》, 36쪽 참조.

80) '이상의 시대에서 허구의 시대' 론에 관해서는 見田宗介,《現代

186

日本の感覚と思想》(講談社, 1995), 12〜36쪽 참조.

81) 1972년 2월, 신좌익계 섹트인 연합적군 멤버들이 나가노(長野)현의 한 산장에 엽총을 가지고 들어가 관리인을 인질로 잡고 10일 간 경찰과 대치하면서 총격전을 벌인 사건. 이들이 체포된 후, 연합적군에서 혁명을 위해 자체 내 재판으로 14명을 처형한 일이 있었음이 밝혀져 일본 사회에 큰 충격을 주었다.

82) 통일교회, 진광교단, GLA, 아함종, 진여원, 하레 크리슈나, 라즈니쉬, 예수의 방주, 오오야마네즈노미코토신지교회, 행복의 과학, 대화지궁과 같은 신신종교의 특징으로는, ① 가난, 질병, 갈등과 관련된 입교 동기에서 '허무감'과 관련된 동기로 ② 현세 지향에서 현세 이탈로 ③ 고코로나오시(마음 바꾸기)의 탈윤리화와 심리통어기법 증가 ④ 신비 현상과 심신 변용에 대한 관심 증대 ⑤ 자기 책임의 강조 및 자기 영혼의 영속성에 대한 의식 ⑥ 성스러운 우주의 재구성 ⑦ 천년왕국주의적인 절박한 파국의식과 메시아니즘의 고양 등을 들 수 있다. 島薗 進,《新新宗教と宗教ブーム》참조.

83)《아사히 저널》에 〈신인류의 기수들〉이라는 연재물(1985년 4월〜12월)이 나간 후 매스컴과 일반인들 사이에 침투한 유행어. 60년대 이후에 태어난 젊은 세대를 가리키는 말로, 규범 경시, 부드러운 인간 관계, 개성적이고 감성적인 행동양식, 기호적 소비 능력과 대인 커뮤니케이션 능력의 탁월성, 마음, 정신, 내적 세계에 대한 높은 관심으로 현대의 감성적인 고도 소비화, 정보사회를 이끌어나갈 차세대로 간주되는 한편, 기성세대(구인류, 화석인류로 칭해짐)에게는 기업이나 조직에 대한 충성심과 귀속의식이 희박한 젊은 세대들에 대한 불안과 의구심이 담긴 용어로 사용되어왔다. 石川弘義(他) 編,《大衆文化事典》(弘文堂, 1994), 394쪽. 그 밖에 室生忠,《新人類と宗教 : 若者はなぜ 新・新宗教に走るのか》(三一書房, 1986) 참조.

84) 애니메이션, SF, 컴퓨터 등에 몰입하여 동호자 외에는 커뮤니케이션의 현저한 결여를 보이는 내향적 소년 소녀들을 칭하는 말로 1983

년에 작가 나카모리 아키오(中森明夫)에 의해 처음으로 명명되었다고 한다. 종래 마니아라는 말로 지칭되어온 유형과 유사한 특징을 가지면서도, 70년대 이후 마니아와는 다른 새로운 특성을 보여준다. 가령 오타쿠 족은 종래의 마니아와는 달리 동호회만으로 소그룹이 형성될 만큼 숫적으로 많아졌으며, 대인관계가 대체로 그 소그룹 내에서만 이루어진다. 또한 종래 마니아들의 취미가 낚시라든가 사진, 음악 등 일반인에게 친숙한 영역이 대부분이었다면, 오타쿠의 경우는 장르 범위가 한층 넓고 일반인이 이해하기 어려운 것들도 많아졌다. 오타쿠족은 고도성장기에 태어나 경제적, 시간적인 여유와 풍요로움을 누렸으며, 지식과 정보 과잉의 환경에서 성장하면서 현실감이 희박하고 공상적인 자폐적 감각에 예민하다. 그런 만큼 대인관계에 미숙하고 주변 환경세계 및 일상세계에 대해 불가사의하다는 느낌을 강하게 품으면서 장래가 불투명하다는 고민 속에서 미디어를 통한 '다른 세계의 몽상'에 탐닉하는 경향이 많다. 石川弘義(他) 編, 《大衆文化事典》, 104쪽.

85) 옴진리교는 아사하라 쇼코를 신성법황으로 삼고 그 밑에 경제기획원, 편집국, 상무성, 법황내청, 첩보성, 차량성, 문부성, 치료성, 방위청, 자치성, 건설성, 과학기술성, 후생성, 법무성, 신신도청(新信徒廳), 서신도청(西信徒廳), 동신도청(東信徒廳), 노동성, 러시아성, 유통감시성, 우정성, 대장성 등 국가기관과 유사한 조직을 구성하여 간부들을 각 부서의 장관으로 지명했다. 또한 '진리국 기본률(眞理國基本律)' 이라는 헌법도 공표할 예정이었다.

86) 비밀금강승(바지라야나) 신앙에서는 불교에서 일반적으로 부정되는 3독(三毒), 즉 탐(貪, 탐욕), 진(瞋, 증오), 치(癡, 미망)를 긍정적으로 평가한다. 즉 우리가 탐·진·치 3독을 살다보면 갖가지 번뇌가 생겨나는데 그 번뇌에는 강한 에너지가 담겨져 있다. 그것을 적극적인 에너지로 전화시킨다면 더 큰 생명력을 얻을 수 있다는 것이다. 이때의 욕망은 그 자체가 절대 세계에 속한 청정한 보살 자체로 간주된다. 이는 대승불교의 '번뇌즉보살' 이라는 관념이 발전된 것이라고

이해된다. 말하자면 탐욕으로 탐욕을 넘고, 악으로 악을 쳐부수는 '무주처열반'(無住處涅槃, 생사에도 거하지 않고 열반에도 거하지 않는 경지)을 추구하는 것이다. 따라서 기를 쓰고 욕망을 버리려 하기보다는 오히려 욕망이 본래 가지고 있는 생명력을 이타적인 목적을 위해 방편적으로 이용할 필요가 있다는 것이 비밀금강승의 입장이다. 더 나아가 비밀금강승의 교의에는 살생을 용납하는 측면이 내포되어 있다. 가령 7세기에 성립한 《대일경》에서는 만일 악한 업보에서 벗어나게 해 주기 위해서라면 살인을 해도 용납된다는 구절이 나온다. 또한 그 주석서인 《대일경소》에는 누군가를 죽임으로써 다른 많은 사람들이 구제받을 수 있을 때, 또는 그렇게 살해당한 자로 하여금 미망의 인연에서 벗어나게 할 수 있을 때는 방편으로서의 살인이 용납된다고 적고 있다. 물론 어떤 경우든 절대 자비심이 불가결한 전제이다. 다시 말해 진실로 타인의 이익을 희구하는 마음만 있다면 살인조차 용납될 수 있다는 것이다. 한편 요가 탄트리즘의 대표적 경전인 《비밀집회 탄트라》에는 "비밀금강(바지라)에 의해 모든 중생을 죽여라, 거기서 죽임당한 자들은 불국토에서 불자로 다시 태어날 것이다"라는 구절이 나온다. 뿐만 아니라 "살생을 생업으로 하는 자, 거짓말쟁이, 남의 재물에 집착하는 자, 항상 애욕에 탐닉하는 자, 똥오줌을 먹는 자, 이들이야말로 진짜 성취자에 적합하다"는 말도 나온다. 옴 교단은 이 결론만을 취하여 가공할 만한 폭력을 실행에 옮겼다.

87) 中村雄二郎, 《日本文化における惡と罪》, 177쪽.

88) 相良亨, 《日本の思想》(ぺりかん社, 1989), 185~196쪽.

89) 《국화와 칼》에서 베네딕트는 오오쿠마 시게노부(大隈重信)의 말을 인용하면서, 일본인에게 세계를 지배하는 한 가지 덕목을 들라고 하면 '마코토'를 선택하는 것이 보통이라고 말하고 있다. 이처럼 마코토(誠)와 하지(恥)는 일본인에게 근본적인 덕목이라는 점에서 밀접한 연관성을 지닌다. 예컨대 자신의 마코토가 인정받지 못하거나 부정될 때 일본인은 격한 치욕감을 느낄 것이다.

90) 루스 베네딕트, 《국화와 칼: 일본 문화의 틀》(을유문화사, 1991), 207~210쪽.

91) 對馬路人(他), 〈新宗教における生命主義的救濟觀〉, 《思想》665 (1979) 참조.

92) 아사하라는 미일 경제 마찰, 후지산 폭발, 태평양 지진대의 이상 징후, 아마겟돈(최종전쟁, 제3차 세계대전) 등에 관한 종말론적 예언을 남발했다.

93) 윤원철, 〈사이버 문화와 종교적 인식론 : 가상과 실재의 상호침투와 불교의 이제설(二諦說)〉, 《종교와 과학》(아카넷, 2000), 193~197쪽 참조.

94) 박규태, 〈인간은 폭력 없이 살 수 없나 : 폭력과 종교〉, 《종교읽기의 자유》(청년사, 1999) 참조.

95) 이시다 바이간(石田梅岩, 1685~1744)에 의해 교토에서 시작되어 18세기부터 19세기에 걸쳐 백여 년이 넘도록 지속되면서, 에도시대 일반인의 대중도덕에 가장 큰 영향을 끼친 종교적·윤리적 사회운동. 일종의 대중적 유교운동이라고 이해해도 좋을 것이다. 박규태, 〈근세 일본의 민중종교사상 : 석문심학과 마음의 문제를 중심으로〉, 《일본사상》 창간호(한국일본사상사학회, 1999) 참조.

96) 흥미롭게도 〈모노노케 히메〉가 '그럼에도 불구하고 살아라' 는 유행어를 만들어낸 바로 그때에 안노 히데아키 감독의 애니메이션 〈신세기 에반게리온〉(1997)은 '모두 죽어버리면 좋을 텐데' 라는 멘트를 유행시켰다.

97) 《ユリイカ臨時增刊 宮崎駿の世界》(靑土社, 1997), 44쪽.

98) 佐伯順子, 〈もののけ姫〉, 《フィルムメーカーズ ⑥ 宮崎駿》(キネマ旬報社), 142~143쪽.

99) Helen McCarthy, *Hayao Miyazaki : Master of Japanese Animation* (Berkeley : Stone Bridge Press, 1999), 185쪽.

100) 《ユリイカ臨時增刊 宮崎駿の世界》, 44쪽.

강종식, 《다시 보는 일본의 신화》(부산대출판부, 2001)

무엇을 '안'으로 규정하고 무엇을 '밖'으로 규정하는가 하는 경계의 관념은 '자기'와 '타자'의 정체성을 둘러싸고 동일성과 차이성의 관념을 생산해내는 인간의 오래된 정신성과 밀접한 관련이 있다. 그렇다면 고대 일본인들은 '안'과 '밖'에 대해 어떤 태도를 지니고 있었을까? 이 책의 절반은 '사카(坂)'에 함축된 의미를 분석하면서 《고사기》 신화의 경계론에 대해 논하고 있다.

길희성, 《일본의 정토사상》(민음사, 1999)

아마도 이 책은 우리 나라에서 일본 불교와 관련된 최초의 본격적인 연구서 가운데 하나일 것이다. 종교학자인 저자는 독자적인 기독교 신앙인의 문제의식을 투영하여 기독교와의 비교 관점에서 신란의 정토진종을 분석하고 있는데, 이때 그가 특히 주목하는 측면은 신란이 지녔던 인간 존재의 죄악성에 대한 예리한 의식과 거기서 비롯된 절망감이다. 그러나 나는 이 책을 읽으면서 내내 신란의 죄악관과 기독교의 죄악관을 같은 도마 위에 올려놓고 말한다는 것이 과연 얼마나 의미 있는 일일까 하는 원천적인 의문을 떨쳐버릴 수 없었다.

김사엽, 《일본의 만엽집》(민음사, 1983)

《만엽집》은 8세기에 편찬된 현존하는 일본 최고(最古)의 가집

(歌集)으로, 전20권 4,520여 수의 방대한 양에서뿐만 아니라 자연과 사랑을 읊은 고도의 세련미에서 일본이 세계적으로 자랑하는 문학작품이다. 하지만 고대 일본어 해독 측면에서 아직도 불분명한 점이 많이 남아 있다. 《또 하나의 만엽집》을 펴내 일본에서 큰 반향을 일으킨 이영희 씨는 이를 향가 이두식으로 읽어야 완전한 해독이 가능하다고 주장했는데, 이 책 또한 그런 입장에 서 있다. 만일 그것이 사실이라면 《만엽집》은 고대 한국어 연구 및 한일 고대사 연구에 획기적인 자료가 될 것이다. 이런 의미에서 《만엽집》 연구는 매우 중요한 과제임이 틀림없으나, 현 시점에서도 우리가 《만엽집》에 주목해야만 할 이유는 너무도 자명하다. 일본 문학의 출발점이라고 말하는 《만엽집》의 밑바탕에 깔린 것이 바로 헤이안 시대의 에토스라 할 만한 '모노노아하레'적 주정주의이기 때문이다. 이런 '모노노아하레'를 이해하지 못한다면 일본과 일본인을 제대로 이해한다고 말하기 어려울 것이다. 그래서 《만엽집》은 꼭 읽고 싶고 또 읽어야만 할 책인데, 아직 번역본이 없다.

노성환 역주, 《고사기》 상, 중, 하(예전사, 1987/1990/1999)

고대 일본의 치열한 왕권 경쟁에서 승리한 덴무 천황이 천황 중심의 새로운 국가를 건설하려는 정치적 의도에서 편찬하게 한 일본 최초의 역사서이자 서사문학으로서, 나라시대 초기인 712년 오노 야스마로(太安萬侶)가 기록했다. 하지만 엄밀한 사서라기보다는 전체적으로 신화적 또는 설화적 분위기가 지배적이어서 문학적 가치가 더 돋보이는 사료라 할 수 있다. 일본을 연구하는 데 가장 필수적인 고전 원전이 거의 번역되어 있지 않은 우리의 상황에서

이 책이 갖는 의의는 아무리 강조해도 지나치지 않을 것이다. 일본 신화를 전공하는 필자의 꼼꼼한 역주가 독자에게 더욱 신뢰감을 주는 책이다.

허우성, 《근대 일본의 두 얼굴 : 니시다 철학》(문학과지성사, 2000)

"왜 일본 철학자를 알아야 하는가? 일본이라는 타자를 알기 위해서다. 타자에 대한 이해는 자기 이해의 일부다. 타자 이해 없는 자기 이해는 원리상 불충분할 뿐 아니라, 타자에 대한 오해와 폭력을 동반하기 일쑤다……." 저자의 서문에 나오는 이 구절이 왠지 내 가슴을 강타한다. 근대 일본이 낳은 탁월한 사상가 니시다 기타로에게서 저자는 일본의 두 얼굴을 보았다. 그런데 그 두 얼굴은 곧 우리 자신의 얼굴이기도 하다는 사실을 저자는 충분히 알고 있는 듯싶다. 그래서 저자는 결론에서 '누가 그에게 돌을 던지랴?'고 묻는다. 너무 오랫동안 일본에 대한 이중적인 콤플렉스를 느끼면서 자기도 모르는 사이에 '내 안의 타자'가 되어 있는 일본을 '내 바깥의 타자'로 상대화시키기 위한 노정에서 '절대무'의 대가 니시다를 되읽어본다면 어떨까?

황패강, 《일본 신화의 연구》(지식산업사, 1996)

아마테라스의 본산인 이세 신궁을 비롯하여 야마타노오로치 신화와 관련된 아쓰타(熱田) 신궁, 《고사기》를 펴낸 오노야스마로의 묘소, 니니기 천손강림 신화와 관련된 다카치호(高千穂) 등 일본 신화의 현장을 발로 뛰면서 그려낸 그림과 해박한 문헌학적 분석을 시도한 책. 특히 일본의 신화와 역사 문제에 관한 저자의 관심이 돋보인다.

### 구로사와 아키라 감독, 〈꿈〉(1990)

거장 구로사와 감독의 영화로는 〈라쇼몬〉(1950)이라든가 〈칠인의 사무라이〉(1954)를 떠올리는 사람들이 많겠지만, 내게는 〈살아가기〉(1952)라든가 〈붉은 수염〉(1965)을 보면서 밤새 서럽게 울었던 기억이 있다. 〈꿈〉은 여덟 개의 에피소드로 이루어진 옴니버스 영화인데, 그 중 제1화 〈여우비〉, 제2화 〈복숭아밭〉, 제5화 〈까마귀〉, 제8화 〈물레방아가 있는 마을〉이 특히 인상적이었다. 삶과 죽음, 자연과 인간의 관계, 죽은 자와 산 자의 관계에 대한 일본인의 감각을 엿보게 해주는 영화이다.

### 구키 슈조, 《이키의 구조》(한일문화교류센터, 2001)

한마디로 멋진 책이다. 여기서 '이키'를 우리말로 굳이 바꾸자면 '멋'이 될 것이다. 그것은 특히 에도시대 초닌(町人, 상인계급)들의 미의식을 가리키는 개념으로 매우 복합적이다. 즉 이키는 기본적으로 에도시대 유곽문화의 산물이라 할 수 있는데, 그런 유곽문화적인 세련된 매너와 색정뿐만 아니라 거기에 무사도적인 의기(意氣)와 나아가 불교적인 절제의 요소까지 가미되어 있는 독특한 미의식이라 할 수 있다. 그런데 이런 이키도 멋지지만, 인간 구키 슈조를 이키의 구현자로서 만나게 될 때 비로소 우리는 이 책을 읽었다고 말할 수 있을 것이다.

로버트 벨라, 《도쿠가와 종교》(현상과인식, 1994)

탁월한 솜씨로 일본 근대화와 종교윤리의 연관성을 규명한 이 책의 요지는 이렇다. 즉 모든 사회에는 중핵적인 가치체계가 있게 마련인데, 그런 가치체계의 발전에서 종교는 매우 중요한 역할을 한다. 메이지시대 일본의 중핵적 가치체계는 충, 효, 보은이라 할 수 있는데, 집단 및 그 우두머리에 대한 충성과 몰아적 헌신으로 특징지을 수 있는 이 특수한 가치체계는 이미 도쿠가와 시대에 정착되어 있었다. 그리고 무사도와 결부된 선종, 정토진종, 신도 여러 종파, 석문심학, 보덕운동 등 일본 종교 및, 그 자체 하나의 종교이기도 했던 일본의 이에(家)와 국가(國體) 등이 모두 그런 중핵적 가치체계를 강화시킴으로써 정치와 경제 분야의 합리화를 창출하는 데에 큰 역할을 했다는 것이다. 그런데 이런 벨라의 관점에는 근대화는 무조건 좋은 것이라고 하는 편견과, 일본적 특수주의보다 유럽적 보편주의가 더 우월하다는 뉘앙스가 암암리에 전제로 깔려있다. 말하자면 벨라는 매우 고상한 형태의 눈치채기 어려운 덫으로 '일본 때리기'를 수행한 것이다. 우리도 이런 덫을 만들어내야만 하는 걸까? 그것이 아니라면 우리는 일본에 대해 어떤 방식으로 발언해야 할 것인가? 이런 고민을 하는 자에게 이 책은 분명 반면교사가 되어줄 것이다.

롤랑 바르트, 《기호의 제국》(민음사, 1997)

'일본은 없다' 류의 일본(문화)론이 유행처럼 끊임없이 재생산되고 있는 우리의 현실에 식상할 때마다 책장 한 귀퉁이에 꽂혀 있는 이 책에 눈길이 가곤 했다. 우리 나라에선 왜 이런 일본 문화론이 나오지 못하는 걸까 하고 생각하면서 말이다. 내가 이 책을 높이 평가하는 이유는 반드시 탁월한 사상가로서 바르트가 지니는 명성 때문만은 아니다. 그보다는 일본을 이렇게 읽을 수도 있구나 하는 신선한 느낌 때문일 것이다. 나는 이 책을 읽으면서 일본의 고급 문화에서 대중문화에 이르기까지, 가장 무거운 사상에서부터 아주 사소한 일상에 이르기까지 폭넓은 스펙트럼의 시선이 필요하다는, 그럴 때 비로소 일본이 보이기 시작할 거라는 사실을 새삼 절감하게 되었다. 말하자면 이 책은 내게 늘 일본을 새롭게 보도록 자극함으로써 단지 내용에서뿐만 아니라 책의 존재 그 자체부터가 일종의 메타적인 기능을 하는 그런 텍스트이다. 정말 그런가는 독자들이 직접 확인할 일이다.

루스 베네딕트, 《국화와 칼》(을유문화사, 1991)

일본 황실의 자애로움을 표현한 국화와 무사도의 잔혹성을 상징하는 칼이라는 대비에서부터 너무 선정적인 이 책은 서구 유대=기독교 전통의 '죄의 문화'와 대비하여 일본 문화를 '치(恥)의 문화'로 규정한다. 이때 '죄의 문화'에서의 도덕의 원동력이 죄책감이라고 한다면 '치의 문화'에서는 수치심, 치욕감이야말로 모든 덕목의 근본으로 간주된다. 한번도 일본을 방문한 적이 없던 저자가 마치 일본을 손바닥에 올려놓고 보듯이 구석구석까지 파헤치는 테크닉은 정말 대단하다. 대학시절, 신입생 필독 도서목록에 이 책이 들어가 있던 것을 기억한다. 그때는 주의깊게 읽지 않아서 잘 몰랐는데, 나중에 다시 이 책을 펼쳐보았을 때 첫 장에서부터 나를 깜짝 놀라게 했다. "일본인은 미국이 여태껏 전력을 기울여 싸운 적

중에서 가장 낯선 적이었다." 이것이 탁월한 인류학자인 베네딕트 여사가 이 책의 서두로 장식한 문구이다. 이 책은 저자가 1944년 일본과 교전 중인 미국 국무성의 위촉을 받아 쓴 것으로, 미국의 낯선 적인 일본인을 제대로 이해함으로써 더욱 효과적으로 전쟁을 수행하려는 것이 그 목적이다. 문화인류학자가 이런 목적으로 학문적 저술을 냈다는 것이 내겐 충격이었다. 이 사실을 어떻게 받아들여야 할지 아직까지도 분명한 판단이 서지 않는다. 하지만 최소한 일본에 대한 학문적 접근이 이 책처럼 되어서는 안 된다는 생각은 늘 잊지 않고 있다. 그럼에도 불구하고 이 책은 참 매력적이다.

마루야마 마사오, 《일본의 사상》(한길사, 1998)
1961년에 간행된 이래 1997년 4월 현재 일본 내에서 68쇄를 기록한 이 책은 결코 그렇게 만만한 책이 아니다. 그럼에도 불구하고 이 책이 일본에서 널리 읽히고 있는 까닭은 무엇일까? 일본인의 정신성에 내포된 가장 치명적인 결함을 하나하나 낮의 세계로 끌어내는 저자의 탁월한 능력은 그저 감탄스러울 따름이다. 하지만 나는 그의 대가적 기법뿐만 아니라, 예컨대 지배와 복종의 문제를 인간 정신의 한가운데에 놓고 끝없이 고민하는 그의 학자적 태도가 무엇보다 마음에 와닿는다. 더 이상 아무것도 고민하고 싶지 않다는 듯한 이 땅의 학문풍토를 뒤돌아볼 때 더욱 그렇다.

마루야마 마사오, 《일본정치사상사연구》(통나무, 1995)
이 책의 출간을 기점으로 한국에서의 일본학이 하나의 새로운 전기를 마련하게 되었다고 말한다면 좀 지나친 과장일까? 그 정도로 마루야마 마사오는 중요한 인물이다. 그의 저서 중에서 세계적으로 가장 많이 알려져 있는 이 책은 김용옥 씨의 요란한 해제가 무색하지 않을 만큼 주자학적 사유양식의 일본적 전개를 비롯한 일본 정신사에 대해 날카로운 메스를 가하고 있다. 차분하고 꼼꼼한 번역 또한 우리에게 책읽기의 즐거움을 더하여준다.

무라사키 시키부, 《겐지 이야기》(나남출판, 1999)

헤이안 중기의 여류작가에 의해 씌어진 것으로, 세계 최초의 장편소설일 거라고 일본인들이 자랑스럽게 여기는 고전. 헤이안시대의 궁중생활이 섬세한 필치로 묘사된 궁중문학이자 하나의 불교문학으로서 당시의 사상적 경향을 대표하는 작품이라 할 수 있다. 그런데 모토오리 노리나가는 《겐지 이야기》를 불교적 교훈서로 보는 전통적인 관점에서 벗어나 그것을 모노노아하레의 관점에서 해석하고 있다. 이런 해석의 역사 외에도 독자들은 이 책에 숨은 또 다른 즐거움을 놓칠 리가 없을 것이다. 남녀 간의 농밀한 몸의 언어와 사랑의 정념이 마치 산수화처럼 묘사되어 있기 때문이다. 거기서 우리는 욕망에 대한 일본인들의 매우 자연스럽고 긍정적인 시선을 만나게 된다. 그런 시선을 부러워하든 비판하든 그것은 전적으로 독자들의 자유일 것이다.

무라오카 츠네츠구, 《일본 신도사》(예문서원, 1998)

일본의 신도 연구자들 사이에서도 필독서로 꼽히는 고전이다. 저자는 학문적 정직성이 심하게 왜곡당했던 제국주의 시대에 나름대로의 성실한 관점에서 신도를 연구한 용기 있는 학자 중의 한 사람이었다고 보인다. 그는 이 책에서 신도를 '일본에 들어온 여러 외래 종교와 구별되는 일본 고유의 종교'라고 규정하고 있는데, 이런 관점은 신도를 이미 존재하고 있던 어떤 하나의 불변적이고 통일적인 요소로 보는 인식론적 오류를 초래할 위험이 있다. 그럼에도 불구하고 이 책은 국학에 대한 비교적 객관적인 서술, 신도사의 체계적인 분류 및 연구 방법의 제시, 히라타 아쓰타네와 기독교의 영향 관계, 형이상학적 악의 문제에 대한 신도관념 등의 분석에서 매우 독창적이고 선구자적인 관점을 제시하고 있다.

미나모토 료엔, 《도쿠가와시대의 철학사상》(예문서원, 2000)

오늘날 한국과 일본의 차이는 조선과 에도의 차이라고 말해도 좋을 것이다. 그러니까 현대 일본 사회를 심층적으로 이해하고자 한다면 에도시대에 대한 이해가 필수적이라는 말이다. 우리가 이 책을 읽어야 할 이유가 여기에 있다. 일본 주자학과 양명학, 고학과 국학, 무사도, 정인사상, 실학, 경세사상, 민중사상, 지사들의 사상 등을 체계적으로 일목요연하게 소개하고 있는 이 책은 실로 에도시대에 접근하고자 하는 이들에게 최상의 입문서가 되어줄 것이다.

시미즈노 스스무, 《현대일본 종교문화의 이해》(청년사, 1997)

현대 일본 사회의 신종교를 분석한 이 책의 원제는 '현대 구제종교론'이다. 흔히 신종교 하면 기독교나 불교 등의 역사종교보다 차원이 낮은 것으로 치부되기 십상인데, 저자는 구제종교라는 종교학적 개념틀 안에 신종교와 역사종교를 모두 포괄함으로써 신종교의 종교사적 가치를 더욱 정당하게 평가하는 자리에 서서 일본 신종교에 대한 논의를 전개하고 있다. 나아가 저자는 70년대 이후의 일본 사회에 나타난 여러 종교 현상들을 신신종교 또는 신영성운동이라는 개념으로 묶어 분석하고 있다.

아마 도시마로, 《일본인은 왜 종교가 없다고 말하는가》(예문서원, 2000)

종교 조사를 하면 통상 일본인들은 종교를 중요하다고 생각하지만 종교를 믿지는 않는다는 답변이 주류를 차지한다. 저자가 보기에 이런 '무종교'를 내세우는 일본인의 정신성은 과거의 역사에 '무관심'한 '무역사적' 의식에 빠지기 쉬운 측면을 은밀하게 내장하고 있다. 저자는 이 작은 책자에서 무엇보다도 '무종교'라는 일본 특유의 관념적 틀을 통해 일본적 정신성의 한계와 가능성을 읽어내고 싶어하는 듯싶다.

아베 마사미치, 《神社文化를 모르고 日本文化를 말할 수 있는가?》(계명, 2000)

일본을 여행하다 보면 발길 닿는 곳마다 만나게 되는 것이 신사이다. 그러나 우리는 대부분 일본 신사의 유형과 역사는 말할 것도 없고, 신사 입구에 서 있는 도리이(鳥居)를 비롯하여 고마이누, 데미즈야, 신사 건축양식, 시메나와, 에마, 오후다, 오미쿠지, 미코 등 신사의 풍경 속에 들어가 있는 여러 요소들에 대해서도 아는 바가 거의 없다. 만일 이런 것들에 대한 기본적인 지식을 갖고 신사를 본다면 일본 여행이 몇 배 더 즐거워질 것이다. 이 책은 신사와 관련된 중요한 기초 지식을 누구라도 쉽게 이해할 수 있도록 88개의 질문과 답변 형식으로 정리하고 있다.

엔도 슈사쿠, 《침묵》(성바오로출판사, 1973)

일본 기독교는 일본 이해를 위한 중요한 시금석이라 할 수 있다. 일본 기독교 전래기의 역사적 사실들을 소설적으로 재구성한 이 책은 일본에 대한 우리의 빈약한 상상력을 일깨워주기에 부족함이 없을 것이다.

오에 시노부, 《야스쿠니 신사》(소화, 2001)

일본 도쿄 시내에서 지하철을 타고 중심부의 치요다(千代田) 구 구단시타(九段下) 역에서 내려 5분가량 걸어가면 야스쿠니 신사가 나온다. 1869년에 건립된 이 야스쿠니 신사는 A급 전범 14명을 비롯하여 에도 후기 이래 무진내전(1868년), 서남내전(1877년), 청일전쟁, 러일전쟁, 만주사변, 중일전쟁, 태평양전쟁 등에서 죽은 군인과 군속 등 245만여 명을 제신으로 모시고 있다. 매년 광복절 때가 되면 어김없이 신문지상을 장식해온 야스쿠니 신사참배 문제의 본질이 무엇이며 어떤 역사적 배경을 가지고 있는지에 대해 이해하고자 할 때 이 책은 무엇보다 충실한 안내자가 되어줄 것이다.

**아마테라스에서 모노노케 히메까지 — 종교로 읽는 일본인의 마음**

초판 1쇄 발행  2001년 8월 31일
개정 1판 1쇄 발행  2021년 10월 1일
개정 1판 3쇄 발행  2024년 7월 25일

**지은이  박규태**

**펴낸이  김준성**
**펴낸곳  책세상**
**등록**  1975년 5월 21일 제2017-000226호
**주소**  서울시 마포구 동교로23길 27, 3층 (03992)
**전화**  02-704-1251
**팩스**  02-719-1258
**이메일**  editor@chaeksesang.com
**광고·제휴 문의**  creator@chaeksesang.com
**홈페이지**  chaeksesang.com
**페이스북**  /chaeksesang   **트위터**  @chaeksesang
**인스타그램**  @chaeksesang   **네이버포스트**  bkworldpub

ISBN  979-11-5931-714-9  04080
      979-11-5931-400-1 (세트)

* 잘못되거나 파손된 책은 구입하신 서점에서 교환해드립니다.
* 책값은 뒤표지에 있습니다.